Pascal Ory

L'invention du bronzage

Essai d'une histoire culturelle

EDITIONS COMPLEXE

À Alain Corbin, historien.
À Coco Chanel, artiste.

Sommaire

Grave question

« Ce qu'il y a de plus profond dans l'homme, c'est la peau » : cette sentence décisive – qui n'est pas, elle-même, sans profondeur – est signée Paul Valéry, dans *L'Idée fixe*, et date de 1931, mais les savants ont mis plus d'un demi-siècle à la prendre au sérieux.

On sait que les savants n'ont pas de corps, depuis, pour le moins, Paul de Tarse, païen retourné, confirmé par Augustin d'Hippone, libertin retourné. Au reste, la généalogie n'est pas exclusivement chrétienne, à considérer l'enseignement attribué à Confucius, fondement de la ligne mandarinale du travailleur intellectuel. Il entre là sans doute une double intellectualisation : celle de l'infirmité physique du Fort-en-thème par rapport au Gros-dur, métamorphosée en supériorité spirituelle – le récurrent discours du faible par rapport au fort – et, plus fondamentalement encore, celle de Théos face à un Éros dont il pressent et redoute la force subversive.

Quoi qu'il en soit, mandarin, clerc ou, de nos jours, chercheur, le savant fonde sa justification sociale et le pouvoir, plus ou moins tangible, qu'il exerce à partir d'elle dans la société, sur la maîtrise de l'intellect, qu'il a interprétée comme supposant, par une symétrie non démontrée, le mépris des sens. Tout juste a-t-il été obligé de concéder une hiérarchie sensuelle, distinguant une minorité de sens admissibles, voire, première concession, nobles – la vue et l'ouïe – d'une majorité de sens franchement ig-nobles – le goût, l'odorat, le toucher. Et c'est ainsi que, malgré les intuitions – pour ne citer que quelques noms illustres, tous français – d'Émile Durkheim, de Marcel Mauss, de Lucien Febvre ou de Marc Bloch, les sciences sociales ont attendu les années 1970 pour s'engager clairement, non sans circonlocutions et circonvolutions, dans une enquête sur la culture sensible. Éclairés, pour certains, par Michel Foucault, les historiens n'ont pas, à ce stade, été les derniers à aborder ces rivages. Au reste, ils n'ont pas tous eu besoin de ce pilote, à considérer l'autonomie de la démarche d'un Jean-Louis Flandrin, élève de l'École des *Annales*, ou, plus frappante encore, d'un Alain Corbin. Après *Les Filles de noces* (1978), Alain Corbin, avec *Le Miasme et la Jonquille* (1982), partait sans trembler dans l'exploration de la *sensibilité olfactive* d'une époque révolue, annonçant un quart de siècle du même tonneau.

Moyennant quoi, l'une des grandes révolutions culturelles du XXe siècle n'a, jusqu'à présent, guère suscité l'intérêt des historiens, au motif, inexprimé, qu'elle touche sans doute à l'absolu de l'ig-noble : celle qui a conduit le canon de la beauté pigmentaire occidentale de l'ordre du marbre à celui du bronze. Autrement dit, dans l'espace francophone, la révolution du *bronzage*, ce terme dont Émile Littré ne connaissait sous le Second Empire que l'acception sculpturale, voire galvanoplastique : « Action de recouvrir un objet d'une couche imitant l'aspect du bronze. » Un siècle plus tard, il s'agit toujours, au fond, de recouvrir d'une couche et de soigner une apparence, mais la chair a été substituée au plâtre, l'être humain luisant et frémissant à l'allégorie montée en pendule.

Certains critiqueront l'usage de l'expression « révolution culturelle ». Culturelle ? Passe encore, si l'on retient l'acception large qui prévaut désormais, faisant de la culture en question un ensemble de représentations élaborées, échangées et transformées par un groupe social. Mais révolution ? Sans doute veut-on plaisanter ?

Comme ceux qui l'ont immédiatement précédé, le XXe siècle n'a pas été avare en révolutions. On serait tenté de dire : en vraies révolutions, celles qui touchent durablement, parfois définitivement – le définitif à l'échelle de l'espèce humaine, ce qui ne va pas très loin –, aux modes de vie. À ce compte, l'instauration du bronzage comme nouvelle norme pigmentaire est un saisissant retournement de valeurs, au même titre que les cheveux coupés des femmes – rupture profonde dont on verra qu'elle n'est pas sans lien avec ladite instauration – ou le grand retour, en Occident, du perçage et du tatouage. C'est donc à une première approche de cette grave question qu'on invite ici le lecteur, en lui demandant, en retour, pour prix de cette témérité, un peu d'indulgence. Même si l'auteur de ces lignes a déjà, en 1987[1], abordé

1. Pascal Ory, « L'invention du bronzage », *in* Nicole Czechowski et Véronique Nahum-Grappe (éd.), *Fatale Beauté*, Paris, Autrement, n° 91, juin 1987, p. 146-152.

cette question, même s'il a, cette fois-ci, élargi son enquête, la documentation théoriquement mobilisable est si vaste qu'elle l'aurait plutôt découragé de tenter l'aventure. De cette contradiction, il ne s'est sorti qu'en faisant des choix qui sont aussi, au fond, déjà des hypothèses de travail.

Il laissera à d'autres, plus jeunes ou plus fous encore que lui, le soin de multiplier les sondages dans des sources qui devraient, au prix d'une considérable énergie, rendre compte de bien d'autres continents que ceux dont ici on se contentera d'explorer les côtes. Nul doute que ces intrépides explorateurs ne soient dès lors amenés à nuancer certaines des assertions que vous allez découvrir dans un instant. Au risque de se donner des verges pour se faire battre, on pose cependant ici que l'on a fait de nécessité vertu et que les limites de cette première enquête ont aussi leur logique propre.

Ainsi l'exercice sera-t-il centré sur l'espace culturel français, même s'il s'agit, on le verra, d'un espace national à géométrie variable, qui interfère en permanence avec d'autres espaces voisins – le germanique au premier chef. La focalisation sur l'aire occidentale est justifiée par la hiérarchie, technique, économique, politique – donc culturelle – qui pose l'Occident en moteur du mouvement historique mondial depuis les grandes confrontations des XVe-XVIIe siècles, situables quelque part entre Henri le Navigateur et la fermeture de la Chine aux jésuites ou, si l'on veut, entre Gutenberg et l'accueil des Marranes par les Provinces unies. Elle l'est, tout autant, par la focalisation temporelle sur un entre-deux-guerres où ladite hiérarchie n'est pas encore remise en cause par l'éveil des libérations coloniales, où elle se trouve même confirmée par le choix occidentaliste des élites des nouvelles puissances émergentes, du Meiji au Guo Min Dang, fût-il mis au service de l'intérêt national. Du coup, la concentration sur la France n'est pas qu'un point de départ pragmatique, un appel à comparaison future. Pire : après cette enquête, il semble bien qu'une partie décisive de cette affaire se soit déroulée ici et non ailleurs. Ce n'est pas ce qu'on a essayé de démontrer, mais il n'est pas impossible que ce soit ce à quoi on arrive. Au reste, pour arriver à des conclusions un peu ou totalement différentes, il faudra que d'autres hurluberlus suivent ces traces. On lira leurs livres avec plaisir.

1

Quoi ?

Comme toujours, la moitié de la réponse est dans la question, ici dans la confrontation, documentable, entre deux états de celle-ci. Un état ancien, sur lequel on s'étendra, et un état nouveau, qui fera l'objet de tout le reste de cette étude mais dont il faut d'abord poser les termes, pour éviter de s'égarer.

Le teint des chrétiens

Faut-il remonter au Déluge ? Le Déluge, ici, est quasiment éthologique. « Nature » : l'exposition de l'épiderme humain au rayonnement solaire entraîne, entre autres, la production de mélanine, molécule que les mâles secrètent plus que les femelles ; « culture » : par leur activité économique et par leur statut politique, les hommes se trouvent plus exposés au soleil que les femmes ; résultante sociale : dans les populations « blanches » et « noires », où peut s'édifier un nuancier des carnations, la concurrence sexuelle entre hommes se fera en direction des femmes les plus claires. Après quoi, les unions entre corps dominants accentueront l'assimilation du supérieur au plus clair. La démonstration est impeccable. Peut-être trop, car, jusqu'à l'avènement du christianisme, les choses ne sont pas si nettes. La sensibilité pigmentaire égyptienne, climat et origines méridionales du pouvoir aidant, aurait, par exemple, valorisé le hâle ; *a contrario*, la documentation gréco-romaine multiplie les indices d'une valorisation du clair – un fard éclaircissant figure, même, dans un épisode mythologique, où l'on voit l'une des filles d'Europe (tout un symbole) le voler à Héra/Junon. L'Empire romain à ses commencements, une fois de plus proche de notre sensibilité « moderne », aurait pu être le moment d'une mode distinctive du hâle. Dans l'une de ses lettres à Lucilius[1], Sénèque l'évoque comme pratiquée de son temps. Mais, justement, le point important ici est dans la spécification genrée, d'autant plus forte qu'elle est implicite : mâle dominant d'une société dominée par des mâles, Sénèque nous parle des thermes, donc d'un lieu réservé aux hommes. On voit mal comment, dans les sociétés méditerranéennes antiques, compte tenu de l'habillement – ou de l'absence d'habillement – et du type d'activité sociale des hommes des élites, il eut été loisible à Alexandre ou à César de ne pas arborer un corps hâlé. On confirmera donc, chemin faisant, la thèse assénée plus haut, suivant laquelle la valorisation du teint pâle vaut pour les femmes desdites élites, considérées ici comme de précieux trésors, signes extérieurs de richesse, de supériorité et, à cet effet,

1. Lettre 86 des éditions de référence : « Il faut qu'on se hâle en même temps qu'on se baigne. »

gardées à l'abri des regards des autres mâles en même temps qu'à l'abri du soleil. On conservera présente à l'esprit cette distinction entre genres, car l'affaire qui va nous occuper au XXe siècle impliquera d'abord les femmes, même si la différence avec les périodes antérieures – avec toutes les périodes antérieures, ce qui est capital – tiendra dans le fait que, cette fois, un mouvement culturel mis en image et, en quelque sorte, en scène à partir du sexe féminin va, du même mouvement, impliquer les hommes.

C'est cependant à ce moment, au début de l'ère chrétienne, que tout va basculer durablement, cette fois sans équivoque. Pour le comprendre, il faut encore, le temps d'une mise au point, faire toute leur place à deux dimensions fondamentales, qui vont dès lors peser de tout leur poids en faveur du teint le plus pâle. « Nature » et « culture » (bis) ? Culture l'une et l'autre, mais la première d'ordre anthropologique – autrement dit d'ordre culturel très ancien, sans doute originel, lié à l'hominisation –, l'autre d'ordre religieux, autrement dit d'un ordre culturel plus récent – vingt siècles : presque rien, à l'échelle de l'histoire humaine. Sera donc anthropologique la négativité associée à l'obscurité, à la nuit, partant aux teintes sombres, opposées aux teintes de la lumière, et dont témoigne l'universalité des fêtes de la lumière attachées aux nuits les plus longues de l'année (voir le jeu de mot symbolique opéré par les missionnaires chrétiens en Scandinavie autour de la « sainte Lucie », martyre napolitaine sans lien autre avec les terres nordiques que son nom). Mais sera religieuse la positivité posée par le christianisme sur la virginité, la candeur (*candor* : blancheur ; *candidus* : d'un blanc éclatant), puisque ce sera tout à la fois celle de Marie, Vierge absolue, et celle du Christ, Innocent absolu, le noir étant affecté au négatif du diabolique, du péché, de la damnation. La distinction, qui peut troubler, entre le deuil en noir et l'exception du deuil en blanc pour les enfants, se résout aisément à cette lumière (si l'on peut dire) : l'enfant meurt innocent, pour peu qu'il ait été baptisé.

Avec, à ce stade, une réserve : encore faut-il assimiler le hâle au noir, ce qui ne va pas de soi. L'argument décisif réside dans l'apparition, au détour des corpus littéraires médiévaux, d'allusions désormais précises à ce qui est, en effet, en train de devenir un canon pigmentaire, la part épidermique des canons de la beauté tout à la fois occidentale et chrétienne. Le « roman courtois » apparaît ainsi peuplé de dames pâles et de chevaliers qui, ne pouvant en dire autant, par nécessité, tendent cependant vers le clair. Pour le reste notons, une fois pour toutes, qu'il s'agit moins d'être franchement très blanc que d'être dans le groupe social considéré le plus/la plus clair(e).

Dès lors, chaque grande étape de l'histoire de l'Occident apparaît comme contribuant à renforcer la tendance. Ainsi l'affrontement médiéval avec le Musulman forge-t-il une figure caractéristique du « Sarrazin », ainsi, à la Renaissance, l'entrée de l'Occident dans la phase coloniale pousse-t-elle à la roue, en confrontant l'Européen à deux « races » soumises, affublées d'un teint plus sombre, l'Amérindien puis le Noir, pendant qu'au même moment le « processus de civilisation » accentue la codification de la distinction corporelle. Il est frappant de voir que, dans le temps, le XIXe siècle, siècle final de l'hégémonie blanche – dans tous les sens de ces deux derniers mots – fut aussi celui de la radicalisation du système, comme en témoignent, pour ne citer que ce moment de bascule significatif, les icônes proposées par le néoclassicisme (*Psyché reçoit le premier baiser de l'amour*, Gérard, 1798) transformées insensiblement, mais sur ce plan sans grand changement, en icônes romantiques (*Atala au tombeau*, Girodet, 1808). À son apogée, la mythologie romantique, pas vraiment remise en cause, là non plus, par les sensibilités différentes des générations qui la suivront, paraîtra choyer le diaphane et le pâle, jusqu'au pathologique du tuberculeux (« phtisique », « pulmonaire »), que nous ne manquerons pas de retrouver sur notre chemin.

Ancien Régime épidermique

Ainsi s'établit un système cohérent (tous les systèmes culturels sont cohérents à l'état d'équilibre ; ils paraissent incohérents après leur chute), qui sera celui de l'Ancien Régime épidermique, jamais remis en cause, par delà tous les autres basculements, pourtant violents, issus du XVIIIe siècle, jusqu'aux abords de la Première Guerre mondiale. Comme tout système, il distingue et associe tout à la fois un mythos, un logos et une praxis, autrement dit un discours intellectuel, un discours esthétique et un ensemble de pratiques concrètes. Le premier pose les valeurs, le second les traduit en formes, en même temps qu'il contribue à les trans-former, les dernières les déclinent en objets et en procédures ou, si l'on veut, en appareils et en gestes. Traité de médecine, poème d'amour, crème de beauté : même combat, avec plus que jamais pour enjeu la femme, par ailleurs peu actrice dans ces trois secteurs, à peu près absente qu'elle est, déjà, des deux premiers, qui parlent de sa santé et de sa beauté sans vraiment lui donner directement la parole.

Le logos, occupé par le traité esthétique et, surtout, par le traité médical et ses diverses déclinaisons vulgarisatrices, mettra l'accent sur la laideur et la dangerosité – puisque le Beau est évidemment assimilé au Bien – de tout ce qui s'oppose au pâle, au lisse et au ferme : le coup de soleil et le hâle, en effet, mais, du coup, dans la foulée, la rougeur et la rousseur tout autant, l'ensemble se retrouvant associé au point noir et à l'acné, voire aux rides et au relâchement des tissus, comme à autant de stigmates de la déchéance. La théorie médicale classique des humeurs y trouve son chemin, mais les grandes découvertes chimiques et physiologiques des XVIIIe et XIXe siècles n'ébranlent pas l'édifice. C'est assez dire que l'essentiel se passera toujours ailleurs que dans le monde savant officiel, à qui il sera simplement demandé de fournir des armes et des experts à un combat qui se passe pour l'essentiel en dehors de lui – entre autres dans le monde savant non officiel.

Le mythos, lui, va nous raconter les aventures, autrement dit les avatars, de la peau au travers des fictions narratives (contes, romans, nouvelles), des fictions lyriques (poèmes), des fictions plastiques (tableaux, dessins, mais aussi, après tout, représentations théâtrales et, au début du XXe siècle, films – en noir et blanc). Dans cet univers-là, être clair voire franchement pâle est positif et, plus encore, tout ce qui s'en éloignera va s'étager sur une échelle du négatif. Les métaphores multiplieront les imageries jouant avec les épiphanies valorisantes du blanc, en empruntant à tous les ordres – minéral, végétal et animal. Aristocratique ou populaire, lys dans la vallée ou Blanche Neige, la carnation de la femme belle aura à voir avec le lys, l'ivoire, l'albâtre, le marbre ou la neige, tout comme ses dents auront à voir avec la nacre ou la perle. *A contrario*, le suspect, le vicieux, le Mal seront associés aux teints « mat », « basané », « cuivré » et autres « olivâtre ».

La praxis met quant à elle tout en œuvre pour satisfaire aux obligations quotidiennes de ce fameux teint, notion difficile à définir et, par là, d'autant plus centrale. Posons, pour la suite du propos, que le teint sera la version normée de la carnation. Deux sondages dans deux manuels de soins de beauté publiés respectivement à Paris, capitale autoproclamée de l'élégance et de la féminité, en 1903 et 1913 nous éclaireront sur la nature exacte de l'enjeu. Le premier ouvrage a été choisi en raison de la réputation de son auteur, une « comtesse de Tramar » derrière laquelle se cachent à peine trois femmes de la noblesse, Marie-Fanny de Lamarque de Lagarrigue, la baronne d'Ysarn de Capdeville et la marquise de Villefort. Devant le succès de ce *Bréviaire de la femme*, au titre significatif, la comtesse en question poursuivra une carrière de demi-genre (littéraire), sommée en 1911 par un autre type de bréviaire intitulé avec superbe *Que veut la femme ? Être jolie, être aimée et dominer*. Le second ouvrage a, cette fois, pour auteur un homme, assez représentatif de l'autre type de médiateur qui s'institue dans le conseil de beauté, le type savant. *La Beauté. Hygiène féminine* est, en effet, son seul titre le signale déjà, la production d'un « médecin spécialiste » (sous-entendu : des soins de la beauté féminine), le docteur Mestadier.

La comparaison entre les deux livres est éclairante : le discours sur le teint est, fondamentalement, le même. La « fraîcheur » ou la « splendeur » sont synonymes de blancheur. « Il y a lieu de protéger le visage contre les impuretés du dehors, les variations atmosphériques, par une couche de cosmétique et de poudre de riz[2] », pose Mestadier. « Le vent, l'air frais, le soleil, la trop grande chaleur portent atteinte à la fraîcheur de la carnation », répond en écho la comtesse[3]. Le hâle impose à la peau « une coloration brune, très difficile à faire disparaître » (Tramar[4]) et la préparation d'un lait antéphélique – contre les rousseurs –, à base de camphre et d'ammoniac, est indispensable quand « la peau a pris un aspect jaune caractéristique » (Mestadier[5]). Les deux auteurs alignent dès lors les préparations blanchissantes où l'eau oxy-

2. Dr. D. Mestadier, *La Beauté. Hygiène féminine. Moyens pratiques d'acquérir, de conserver, d'augmenter la beauté*, Paris, G. Ficker, 1913, p. 88.

3. Comtesse de Tramar, *Le Bréviaire de la femme. Pratiques secrètes de la beauté*, Paris, V. Havard, 1903, p. 249.

4. *Ibid.*, p. 251.

5. Dr. D. Mestadier, *La Beauté. Hygiène féminine*, *op. cit.*, p. 134.

génée rejoint l'oxyde de zinc. Chez la comtesse, cela donne une demi-douzaine de « fards blancs », s'étageant du blanc de baryte au blanc de plomb en passant par le blanc de bismuth : ce sont eux, tout comme la céruse ou le blanc de perle, qui vont « donner à la peau cette teinte liliale et nacrée qui en fait la beauté[6] ». Mais on se tromperait en pensant que tout est affaire d'alchimie. Les deux livres n'oublient pas de parler des accessoires, plutôt mal nommés ici car ils se révèlent essentiels dès que l'élégante s'aventure hors de chez elle : chapeaux à larges bords, ombrelles, voiles et voilettes, ces dernières bien épaisses si l'on pousse l'audace jusqu'au bord de mer. Peuvent s'ajouter à ces dispositifs des pratiques de filtrage encore plus radicales : un « joli décolleté », qui sera donc le plus pâle possible, s'obtiendra ainsi en demeurant le plus possible claquemuré dans une pièce ombreuse, etc. Arrêtons-nous là : on voit que ce n'est pas, au fond, de pâleur, de blancheur qu'on nous parle, mais d'un phantasme d'inaltérabilité et d'inaccessibilité où lys, nacre et albâtre tirent le plus possible la femme idéale loin de toute sensualité, voire de toute sensibilité. Combat perdu d'avance puisqu'il s'agit d'un idéal – la vraie vie est après la mort, où triomphera notre corps glorieux –, mais qui justifie et alimente bien des institutions, bien des dispositions et bien des entreprises.

6. Comtesse de Tramar, *Le Bréviaire de la femme, op. cit*, p. 236.

Revue de détail

L'analyse détaillée de cette imagerie en dirait long sur le canon. Le «cou de cygne» parle ainsi autant de l'anatomie idéale du port de tête que de la pâleur souhaitée. Quantité de mouvements dialectiques parcourent cet ancien régime-là, qui ne font qu'en renforcer les valeurs. Puisque la beauté est du côté du pâle, dispositifs et dispositions conduiront à l'exalter, par contraste. D'un côté, ce qui touchera au centre de la beauté pourra se retrouver coloré par elle – dans le sens du blanc : le XIXe siècle sera la grande époque du linge blanc. Quant au topos «lis et roses», il renvoie à une logique du fard qui met le blanc en valeur par l'«incarnat», le «vermillon». Ainsi n'est-il pas question d'isoler la polarisation sur le clair de la dialectique qui le confronte aux deux couleurs qui sont sensées, dans ce système chromatique, le mettre «en lumière» : le noir et le rouge – où l'on retrouve la trichromie antique (noir/blanc/rouge), étudiée par Michel Pastoureau. Reste que le «rose aux joues», s'il peut signifier une émotion sympathique, connote aussi une émotivité peu virile que l'on réserve aux enfants, aux jeunes gens et aux vraies jeunes filles, et qu'il importe toujours de maintenir à la périphérie les sujets frappés de matité, voire pire : le colonisé, le non-Occidental, assurément, mais aussi le paysan ou le marin.

On voit donc que, depuis le début de ce chapitre, on continue à parler ici non d'une «société» mais de ses élites, et qu'on n'en parle tant que parce que lesdites élites sont encore en capacité politique, économique et culturelle de «tenir leur rang». Mais, du coup, c'est ici aussi qu'il faut revenir à la question du genre. Car, dans un tel système, les occasions, accidentelles ou structurelles, de déchoir dans l'ordre de la pâleur sont quotidiennes et, outre les complexions innées, les hommes des élites, actifs et tournés vers l'extérieur, sont en permanence exposés. Or les traités de beauté tels que nous les saisissons dans leur état en quelque sorte stable, au début du XXe siècle, avant le grand basculement, ne s'adressent qu'aux femmes. Tout se passe donc comme si la carnation de l'homme des élites était classée par profits et pertes. Et tout, surtout, se passe comme si la femme de l'élite était le tabernacle et le critère. Politiquement, économiquement, culturellement, la femme de l'élite est privée de l'essentiel des capacités d'autonomie qui sont, en symétrie, dévolues à son mari (à son père, à son frère, à son amant). Elle peut donc se consacrer tout entière à l'entretien d'une beauté pâle que, pour ne citer que ce partenaire, parmi d'autres, le fabriquant de cosmétique est convié à protéger et, si besoin est, à restaurer, voire à créer de toute pièce. Voilà pourquoi, dans les chapitres qui suivront et qui verront ce système se dérégler, il sera encore question principalement des femmes. En nous y limitant, pour l'intérêt de la démonstration, au stade du basculement (l'*invention du bronzage*), on ne se permet pas de sortir de la tradition du « soin de beauté », dont nos sociétés viennent à peine d'admettre qu'il pouvait être désormais tout autant destiné à l'homme. Il se trouve, simplement, que cet univers des élites féminines occidentales aura, en quelques décennies, totalement inversé son système de valeurs pigmentaires.

Si, en effet, nous portons maintenant le regard vers une période choisie arbitrairement pour être le symétrique de cet avant-guerre de 14-18, à savoir l'immédiat après-guerre de 1945, que voyons-nous? L'exact inverse du système précédent. On prendra ici comme source l'hebdomadaire *Elle*, fondé en 1945 et dirigé par Hélène Gordon-Lazareff et Françoise Giroud, qui va dominer le paysage de la presse féminine française dans l'après-guerre, en limitant le dépouillement à la séquence 1945-1949.

Premier constat: plus aucune information ni publicité pour des produits blanchissants; bien au contraire, une abondante provende de produits bronzants, assortis ou non de dispositifs de protection contre le rayonnement. Les recettes ont désormais pour objet de prolonger la coloration de l'épiderme: infusion de thé[7], permanganate de potasse[8], etc. Le recours à un brunissage artificiel par un appareil rayonnant est évoqué dès 1946[9]. Le sens général est clair, là aussi, mais c'est le sens opposé de celui de 1913: « Votre teint de vacances s'en va... retenez-le[10] ! » Dans la foulée, les tâches de rousseur, que le docteur Mestadier s'acharnait à faire disparaître, très provisoirement, les voici qui « donnent parfois un petit air de grande jeunesse qui ne dépare pas un visage[11] ». On aura noté les restrictions qui subsistent mais ce qui compte, c'est la tendance.

7. Exemples : *Elle*, 10 septembre 1946, 24 août 1948.
8. *Elle*, 24 septembre 1946.
9. *Ibid.*
10. *Elle*, 10 septembre 1946.
11. *Elle*, 29 juin 1948.

Il y a donc bel et bien eu, entre ces deux époques, passage d'un ancien régime à un nouveau, une « révolution », oui. Assurément, à ce point de l'observation, on a bien conscience de n'avoir rien appris à personne. Sauf qu'il faut aller jusqu'au bout de ce constat : rien n'allant de soi en nul temps ni en nul lieu, on est autorisé à se demander moins de quoi il retourne que comment tout cela a bien pu fonctionner. Pour l'analyser, on a poursuivi le dépouillement de périodiques féminins français en choisissant trois autres titres : pour les années 1920, l'édition française du magazine américain *Vogue*, un mensuel qui, jusqu'à aujourd'hui, s'est voulu une référence « haut de gamme » ; pour les années 1920 et 1930, le *Petit Écho de la mode,* hebdomadaire dominant, en termes de ventes, sur le secteur jusqu'à l'apparition, en 1937, de l'hebdomadaire *Marie-Claire* ; enfin celui-ci, jusqu'à la déclaration de guerre, c'est-à-dire à peine plus de deux années mais, on le verra, décisives. On a complété ce quadruple sondage par l'examen de diverses publications de la séquence 1914-1949, portant principalement sur les questions de la santé et de la beauté corporelles. Bien entendu, on voit tout de suite le biais : il faudrait élargir l'examen à, par exemple, la presse généraliste, à commencer par les magazines photographiques, qui prennent leur essor précisément dans l'entre-deux-guerres, au cinéma des « actualités » et à celui des fictions, mais aussi – pourquoi pas ? – du côté de la presse aux journaux sportifs ou du côté de la fiction à l'ensemble de la production littéraire, de Paul Morand à Maurice Sachs en passant par Maurice Dekobra. L'hypothèse qui a sous-tendu ce choix restrictif

– sans lequel ce livre n'aurait pas vu le jour – n'est aucunement celle de l'exhaustivité. Comme dans le cas des enquêtes pionnières engagées sur, par exemple, le basculement des sensibilités entre la moitié du XVIIIe siècle et la moitié du XIXe siècle[12], il ne s'agit pas de se placer dans une perspective et une posture d'exhaustivité, évidemment inatteignable sur un tel objet, qui touche aux «modes de vie». Il s'agit simplement d'ouvrir une fenêtre sur un processus dont trois ou quatre types de discours, à commencer par celui de la presse féminine, ont reçu de la société mission de rendre compte. Accablé sous l'abondance de la documentation, l'historien du plus moderne, dès qu'il sort des charmes discrets de la monographie, en vient, paradoxalement, à se retrouver dans la situation de l'historien des temps les plus anciens: à examiner sous une loupe très grossissante et, à la limite, à surinterpréter des documents finalement épars. Il faut en prendre son parti et poursuivre sa route. Ce que l'on trouve en chemin est suffisamment intéressant pour qu'on ait envie de le faire partager au public.

---

12. C'est, par exemple, le choix documentaire fait par Alain Corbin, dont les thèses n'ont, jusqu'à présent, guère été remises en cause par la recherche empirique ultérieure, quand il y en a eu.

2

Quand ?

Il est sans doute une seconde raison pour laquelle la question de l'invention du bronzage n'a guère suscité l'intérêt. C'est que, depuis longtemps, la *vox populi* – telle qu'elle s'exprime, par exemple, aujourd'hui sur Internet – lui a apporté une réponse, et même deux, ce qui peut être une de trop car, selon les auteurs, elle choisira l'une ou l'autre, ou encore combinera les deux.

Deux réponses

Première réponse : Coco Chanel ; seconde : congés payés. La différence de niveau et de signification est tout à fait évidente. L'interprétation par Chanel met en avant une individualité, même si celle-ci est assez visible à l'époque pour se transmuer en personnalité, voire en vedette ; elle valorise une position d'avant-garde, elle accorde le primat à une figure associée au monde anglo-saxon tout au long de sa carrière de couturière. Dans une telle hypothèse, la société est dirigée par une élite imaginative et non conformiste, qui lui donne le cap. On retrouve là tous les éléments du mythe artiste.

L'interprétation par les congés payés met quant à elle en avant une collectivité, affluant sur les plages de France un beau jour de l'été 36 ; elle valorise une position de masse, elle accorde le primat à une figure associée au monde ouvrier français, qui vient d'obtenir ces deux semaines grâce à la victoire politique de la gauche unie. Dans une telle hypothèse, la société est mue par un peuple à la fois ferme et décidé, qui fait l'histoire par sa force tranquille. On retrouve là tous les éléments du mythe populiste.

La réponse par Chanel est fragilisée par le flou de la documentation. Ses biographies, à commencer par celle d'Edmonde Charles-Roux, la plus détaillée, n'avancent guère de faits précis, étayés sur des documents clairs[1]. La date du moment historique où Coco aurait lancé la mode du teint bronzé en rendant soudainement chic ce qui, jusqu'à sa provocation, ne l'était pas varie d'une source à l'autre : 1923, sur le yacht du duc de Wellington ? 1925 à Deauville ? 1927 sur la Riviera ? Les photographies les plus souvent reproduites qui la saisissent en plein air – en 1917 avec Boy Chapel, en 1918 avec Adrienne, en 1919 avec Misia Sert au Lido de Venise – ne la montrent nullement dénudée. Sur celle de 1918, elle est allongée, couverte de la tête aux pieds, les mains gantées, offrant au soleil son seul visage. Assurément, par rapport aux règles dominantes de l'époque, c'est déjà beaucoup. Cela suffit à laisser deviner que cette femme énergique qui, c'est le mot, n'en fait qu'à sa tête – car les mêmes photographies

1. Voir la bibliographie à la fin de cet ouvrage, paragraphe « Gabrielle Chanel ».

la montrent, par exemple, les cheveux coupés dès 1917 –, a pu fort bien arborer, et plus d'une fois, un visage hâlé dans une compagnie qui communiait encore dans le culte de la pâleur distinguée. Mais de là à en déduire qu'elle a lancé une mode, *a fortiori* renversé une tendance multiséculaire, il y a un grand pas, qu'aucun document, à notre connaissance, ne permet de franchir.

La réponse par les congés payés peut être récusée pour la raison inverse : à la date de 1936, trop de documents prouvent que la vogue est suffisamment lancée pour ne plus être considérée comme un phénomène non seulement confiné à quelques excentriques mais même limité à une petite élite chic, celle qui, par exemple, se retrouve dans le lectorat de l'édition française de *Vogue*. Un objet, testé en 1935 et distribué à l'échelle nationale l'année suivante, suffirait par son existence commerciale à relativiser le moment 36 : l'huile Ambre solaire, qu'une grande entreprise comme L'Oréal n'aurait pas lancée sur un terrain vierge. Ajoutons que les larges masses qui, en effet, se retrouvèrent, souvent pour la première fois, sur les plages grâce au Front populaire attendirent pour une bonne part l'été 1937 pour faire ce voyage. En 1936, l'octroi des quinze jours payés intervient trop tard pour que la vacance puisse être, sur le coup, transformée en vacances, avec dépaysement à la clé. Mais surtout, en termes en quelque sorte qualitatifs, tout indique que ces nouveaux estivants, novices de la plage, n'étaient pas en position d'afficher globalement un comportement atypique par rapport à leurs « aînés » en estivage.

En fait, c'est un examen plus précis du trio *Vogue/Petit Écho de la mode/Marie-Claire* qui permet de répondre à la question de la datation, tout en la relativisant. En d'autres termes, si la vérité n'est ni du côté A ni du côté B, ce n'est pas qu'elle serait ailleurs, dans un entre-deux ; c'est qu'elle est multiple.

À y regarder de plus près

Vu sous l'angle d'une pratique collective simplement repérable – la collectivité en question fût-elle très étroite –, le phénomène peut être daté, principalement grâce au dépouillement de l'édition française de *Vogue*, de la fin des années 1920. Mais, vu sous l'angle d'une pratique généralisée dans une large et spécifique couche de la population auquel on donnera le nom, justement flou, de « génération », alors là, oui, il faut reculer aux dernières années 1930. De cela témoigne le nouvel hebdomadaire *Marie-Claire*, lancé le 5 mars 1937 par Jean Prouvost et dirigé par Marcelle Auclair, destiné à un lectorat féminin supposé jeune et/ou communiant dans les valeurs de la modernité. Encore n'est-ce pas tout, et l'on verra qu'il faut aussi faire entrer en ligne de compte ce que l'on pourrait appeler l'espace-temps spécifique du bronzage, qui n'existe pas en soi mais dans le continuum d'une pratique.

Que le basculement soit perceptible aux observateurs les plus attentifs dès la fin des années 1920, c'est ce qui pourrait être conclu du rapprochement entre le silence sur le sujet d'un observateur de 1929 (Marcel Braunschvig,

La Femme et la Beauté), qui ne s'en prend encore qu'à la « femme maigre » et ignore la femme hâlée, et l'agacement sur le même sujet d'un autre en 1933 (Alfred Bitterlin, *L'Art de se faire une beauté*). « Professeur d'esthétique », Alfred Bitterlin vitupère contre l'« imprudence des personnes qui s'exposent, sans y être contraintes, aux rayons solaires[2] », recommande l'ombrelle et le blanchissement artificiel du décolleté. Mais cela ne prouve pas grand-chose en ce qui concerne le *terminus a quo* car Marcel Braunschvig pourrait être un témoin particulièrement myope. *Vogue* nous aide à y voir plus clair et à mettre en lumière l'année 1928, pour être précis son numéro de juillet. « Être ou ne pas être hâlée » y est désormais une question à débattre, et l'on ressent l'embarras de la rédaction devant un phénomène qui lui échappe. D'un côté, la « vogue des teints brûlés » semble pénétrer dans certains « lieux élégants » de la bonne société européenne, à tel point que « certaines femmes vont jusqu'à s'oindre d'huile de coco dans le but d'activer la coloration[3] ». De l'autre, elle voudrait condamner ce type de comportement et elle trahit sa sévérité dans le titre alambiqué de l'article : « Pour et contre le soleil ou les méfaits du soleil. » S'abritant derrière les autorités du milieu, elle ne manque donc pas de signaler au passage que Helena Rubinstein et Elizabeth Arden « ne cessent de déplorer la

2. Voir Alfred Bitterlin, *L'Art de se faire une beauté*, Paris, Éditions Drouin, 1933, p. 178.

3. Voir aussi le numéro d'août, où l'on suggère l'existence d'une coloration « seyante », qui est la coloration « sportive ».

vogue des teints brûlés». Au reste, l'usage de l'épithète «brûlé» dit tout. Mais que cette vogue soit déjà trop forte pour qu'on s'y oppose, c'est ce que la «réclame», dans le même numéro, affiche, avec l'offre d'une nouvelle crème Rubinstein, dénommée «Gypsy Valaze» et supposée répondre à la demande de clientes qui, succombant à une nouvelle conformisation de leur entourage, désirent «obtenir un teint imitant le hâle naturel sans avoir recours au soleil».

La comparaison avec le numéro d'août 1929 confirme la reddition de la rédaction. Le visage hâlé a désormais droit à une ressemblance avec «une appétissante brioche» et, surtout, c'est très posément que l'on énonce que «la femme estime que le signe évident de bonnes vacances se trouve répandu sur son visage quand elle revient en septembre avec un teint cuit par le soleil»: la «femme», et non plus quelques excentriques mettant leur vie en danger. Mais la comparaison avec un article de septembre 1927, intitulé «Soleil, soleil!», permet d'approfondir l'analyse car il y est clairement dit qu'il faut tenir compte d'un bronzage différentiel: «Si l'on consent à faire bronzer son corps on veut que le teint ne soit pas atteint.» Il n'est pas certain que cette situation, telle que la décrit la journaliste, soit si fréquente que cela. Elle correspond, par ailleurs, au jugement désapprobateur exprimé plus haut. Elle témoigne peut-être aussi d'un refus de voir la montée du bronzage du visage – étant bien entendu que par «corps» une femme chic de 1927 ne peut pas entendre beaucoup plus que bras et jambes, et ces dernières certainement pas jusqu'au haut des cuisses.

Mais les faits sont têtus, comme les femmes qui, désormais, se font « tanner » ou « brûler ».

La preuve par 1937

C'est en faisant entrer en ligne de compte ce différentiel que l'on peut comprendre le texte le plus intéressant de ce corpus : il ne concerne pas le moment du basculement décisif mais une période située une dizaine d'années plus tard. Le numéro de *Marie-Claire* du 17 septembre 1937 d'où il est extrait est, à bien des égards, stratégique. C'est la première « rentrée » du magazine, qui n'a que six mois d'existence – et, congés payés aidant, après un été 36 d'improvisation, c'est aussi la première « grande rentrée d'automne » au sens actuel de l'histoire française. L'article va donner des conseils pratiques pour que la lectrice idéale se sente, au moment de rentrer en ville, aussi bien dans sa peau qu'elle l'était sur la plage. Et ce journal de la jeune fille moderne et sans complication de témoigner d'une situation en pleine mutation, quasi schizophrénique : il est bon de se laisser hâler pendant l'été, mais il n'est pas forcément bien vu d'aborder la vie citadine dans son costume de sauvageonne. Cela donne : « Les soleils éclatants de l'été, le plein air, le vent de la montagne ou le souffle du large exigeaient ce teint hâlé, cette peau sans fard, ces cheveux libres : c'était votre tenue de vacances. Mais vous vous étonnez aujourd'hui, jetant un regard à votre miroir, de sentir comme un début de gêne : la lumière s'est adoucie, vous êtes rentrée dans votre appartement citadin, vous êtes reprise, déjà, par vos activités de la ville. Ce visage trop naturel ne vous convient plus. » Alors, blanchiment à l'ancienne ? Ce n'est pas (ou plus) si simple. *Marie-Claire* est de son temps, et *Marie-Claire* est pluraliste. Elle hésite sans doute moins à donner des conseils, voire des consignes – elle ne s'en prive pas par ailleurs –, qu'elle ne craint d'aller à contre-courant d'une tendance montante mal interprétée. Elle ne va donc pas se déterminer et conclut sans conclure : « Vous vous demandez d'abord s'il convient de rester hâlée ? », eh bien, « votre goût personnel le décidera ». Cependant, comme la majorité silencieuse, y compris peut-être l'auteur de l'article, a sans doute encore une préférence pour la tradition, la suite sera : « Si vous préférez redevenir une femme blanche », avec pour premier conseil : « Procédez à un peeling. »

La question de la vogue ne se pose ainsi jamais dans l'absolu de camps affrontés et d'épisodes autonomes. Et c'est en vertu de la même relativité, spatiale cette fois, que *Le Petit Écho de la mode*, titre vieux de cinquante-six ans en 1936, au public plus âgé, plus provincial et plus rural que celui de *Marie-Claire*, accueille avec lenteur et circonspection le phénomène. Quand il consacre, à l'été de cette année-là, un article à la question[4], c'est pour constater, non sans surprise, que la peau brune « est même devenue une beauté ». Rien d'étonnant, dès lors, à ce que, dans le même numéro, se retrouve, avec dix ans

4. *Petit Écho de la mode*, 26 juillet 1936.

de décalage, la distinction prophylactique du corps bronzable par tranches : « La tête à l'ombre, les pieds au soleil, c'est le comble du bonheur. » Le contraste est saisissant avec *Marie-Claire* qui, brûlant les étapes, en arrive au contraire, à l'approche de l'été 1939, à encourager le « plus grand souci » de ses lectrices : « BRUNIR VITE[5]. » Ce message en grosses lettres, le magazine *Elle,* à la Libération, l'avait sans doute oublié quand, à sa première rentrée d'automne, il osera passer la consigne des grands couturiers parisiens : « Cet hiver, il faudra être pâle[6] », car la réaction des lectrices sera telle que, dès le numéro suivant, la rédaction devra faire marche arrière et conclure : « Faites à votre tête[7] ».

Est-ce à dire que l'on ne peut pas pousser plus loin la chronologie et introduire d'autres nuances ? Ce serait oublier les allusions de *Vogue*, au début de la période, à l'existence d'une première et courte phase de hâle, situable sans doute à la sortie immédiate de la guerre (étés 1919-1920). Constatant un relatif retour de l'ombrelle – constat qui signifie que celle-ci était en déclin, ce que la suite des événements, d'ailleurs, confirmera –, le magazine évoquera en 1921 l'abandon antérieur, chez certaines excentriques, du « teint de lys et de roses » qui fait la vraie femme élégante[8] et rappellera, l'année suivante, que la lubie d'accompagner le bain de mer du

5. *Marie-Claire*, 26 mai 1939.
6. *Elle*, 3 septembre 1946.
7. *Elle*, 10 septembre 1946.
8. *Vogue*, juin 1921.

bain de soleil avait conduit certaines femmes à se retrouver avec une « peau comme du cuir[9] ». Ces signes vagues laissent donc entendre que, à l'époque où Coco Chanel est censée avoir lancé la mode, un petit frémissement avait bien eu lieu. Il était vite retombé, mais une enquête plus érudite permettrait peut-être de le préciser.

Maintenant, laissons là ce petit jeu d'une érudition en effet un peu courte. Si l'histoire était une chronologie, ce livre pourrait s'arrêter là. C'est bien plutôt ici qu'il commence, car le plus délicat reste à faire : approcher l'interprétation du phénomène ainsi approximativement daté. Du moins cette datation, même approximative et parce qu'elle est en dates « glissantes », nous aide-t-elle à discerner sur quels points on peut maintenant faire porter un début d'enquête. Ces points mobiliseront successivement les quatre grandes lignes d'interprétation classiques en la matière, de la plus apparemment économique à la plus apparemment psychologique, toutes participant, à quelque titre, de la synthèse culturelle, puisqu'il ne s'agira jamais que de ce qui se passe derrière notre visage, du côté – appelons-le comme ça – de notre cerveau.

---

9. *Vogue*, juillet 1922.

3

Accompagner

Que toute cette affaire, c'est le mot, se ramène à une question commerciale, une historiographie et sa vulgate nous l'affirment, déclinées selon les camps en version marxiste ou libérale. Ici les agents prédominants de l'histoire sont les entrepreneurs – compris dans le sens le plus large, qui va du patron d'entreprise au producteur indépendant, en passant par le financier –, les agents secondaires, les consommateurs, l'instrument de pénétration de ceux-là chez ceux-ci, le produit. Cela veut-il dire que l'économie mène le monde ? Même pas, car les historiens de l'économie les plus exigeants sont les premiers à mettre en lumière le rôle, à toutes les étapes du circuit économique, de ces facteurs culturels qui s'appellent une marque et son image (un emballage, une publicité...) et, en dialectique avec elle, non pas une « demande » à laquelle une « offre » répondrait, comme le veut la vieille rhétorique, mais un désir, un goût auquel un complexe sensoriel prétend répondre, tout en contribuant à le créer, et ainsi de suite, à l'infini. À ce stade, le « choix rationnel » peut porter sur le prix, mais le choix « irrationnel » est omniprésent. Il l'est d'ailleurs tellement qu'il amène à conclure que le rationnel est là : dans le plus court chemin qui joint le désir à sa satisfaction.

Le constat est d'autant plus clair que l'on a affaire à des produits qui ne sont pas de « première nécessité », participant de la simple survie. Pour se limiter à l'espace le plus étroitement corporel, toute l'histoire de l'alimentation, incessamment nourrie d'acculturation et d'invention de préparations et de produits nouveaux, est là pour montrer que le consommateur fait d'abord un choix de plaisir satisfait et que son goût est constamment daté. Quand le corps n'est plus à sustenter mais à ravir, le désir, ses conseillers et ses officiers, prennent tout le pouvoir. Quand, par exemple[1], en l'espace d'un demi-siècle, un peuple (disons : un marché) passe d'une hégémonie absolue du tabac brun à une hégémonie absolue du tabac blond, c'est par une démarche toute « rationnelle » : la satisfaction d'un désir qui a changé – ici un mélange d'américanisation et de goût croissant pour le doux et un certain type de parfum. L'histoire de l'apparition, pendant l'entre-deux-guerres en effet, des « produits solaires » confirme, comme on s'en doute, ce diagnostic.

Rendons à Patou…

Ici règne un mythe, celui d'Ambre solaire, qui joue du côté de l'économie un peu le rôle de Coco Chanel du côté

---

1. Voir les travaux d'Éric Godeau sur l'histoire de la SEITA, notamment *Le Tabac en France de 1940 à nos jours : histoire d'un marché*, Paris, Presses universitaires Paris-Sorbonne, 2008.

de l'art : la crème solaire lancée en 1935 par la société L'Oréal aurait été à l'origine de la vogue du bronzé. Comme nous l'avons déjà indiqué, la chronologie contredit cette hypothèse. Mais nous avons aussi vu qu'un mythe est toujours vrai, dès lors qu'il s'enracine dans la société, qui dit par sa voix quelque chose d'important. Ambre solaire est un produit, en ce sens qu'il a été produit par son époque, et c'est une réussite, car il a exactement accompagné – son succès économique prolongé en administre la preuve – le passage à une seconde étape des pratiques sociales : leur extension aux classes moyennes émergeantes. Mais sa plus grande époque se situe après la guerre et, quoi qu'il en soit, en attendant, le vrai produit de lancement est apparu en 1927, sous le nom d'« Huile de Chaldée » – nous reviendrons plus tard sur le sens à accorder à ce dernier mot –, et son entrepreneur s'appelle Jean Patou.

Disparu prématurément en 1936, Jean Patou a souffert de la comparaison constante avec Gabrielle Chanel, dont il est, à plus d'un titre, le pendant. Homme/femme, né en 1887/née en 1883, héritier/aventurière, couturier et parfumeur/couturière et parfumeuse, etc., la liste en partie double serait longue. L'essentiel est sans doute encore ailleurs : Jean Patou, comme Gabrielle Chanel, joue son jeu sur le terrain de la décontraction chic, donc d'un mélange de respect des hiérarchies sociales établies et de non-conformisme, destiné aux personnalités montantes des classes supérieures. D'un côté, il a l'audace de lancer, en pleine Dépression, « le parfum le plus cher du monde » (« Joy », 1930) ; de l'autre, il est le couturier qui a l'autre audace de consacrer une partie importante de son activité à une spécialité qu'il invente en transformant des «caprices» d'individus (Coco Chanel comprise) en ligne de produits : le sportswear féminin. Jupe plissée de soie blanche s'arrêtant au dessus du genou, cardigan sans manches : le meilleur «mannequin» de Jean Patou est alors, pour ce secteur qui le distingue de tous ses concurrents (Chanel, Schiaparelli), la championne de tennis Suzanne Langlen, devenue à la fin des années 1920 l'une des icônes de la femme a) active ; b) dans une activité fortement corporelle ; c) victorieuse, aux côtés des grandes aviatrices elles aussi devenues «mythiques», qui ne lui sont pas par hasard exactement contemporaines (Hélène Boucher, Maryse Bastié...). Jean Patou, qui fait dessiner son flaconnage de parfums par les deux noms les plus en vogue du moment arts déco, Louis Süe et André Mare – au reste, c'est en 1925 qu'il se lance dans la parfumerie –, qui produit en 1935 le parfum d'accompagnement de la première traversée du *Normandie* et en 1936 un parfum dénommé «Vacances», qui impose l'imposition de son monogramme («JP») sur ses tenues de sport, est un créateur au sens culturel plus qu'artistique du terme. Directement impliqué dans l'activité de couture, il dépend déjà beaucoup plus des vrais techniciens maison pour la mise au point des fragrances, mais c'est bien lui le maître du jeu quand il s'agit de choisir entre les différentes créations du parfumeur maison, Henri Almeras – tout comme «Numéro 5» est une cocréation du parfumeur Jacques Polge et de sa «patronne». D'une sensibilité extrême à l'air du temps,

Jean Patou en est, comme Gabrielle Chanel, à la fois le jouet et le joueur. L'importance du sport dans sa création – à commencer par les sports de riches : le tennis, le ski –, l'invention en 1929 de ce qui est présenté comme le premier parfum unisexe de l'histoire, « Le Sien » – peu importe la réalité chronologique de l'affaire : ce qui compte, c'est qu'il impose l'idée de cette première –, voici autant de signes de l'opportunisme, au sens neutre du terme, de Jean Patou. Rien que de logique, dès lors, à ce qu'il lance Huile de Chaldée. L'homme qui va présenter Le Sien comme un parfum « convenant parfaitement aux hommes, mais également aux femmes résolument modernes qui jouent au golf, fument et conduisent à cent vingt kilomètres/heure[2] » a perçu l'émergence du phénomène du bronzage chic.

La partie textuelle de la publicité[3] dit bien que l'huile en question « supprime les coups de soleil », ce qui reste dans l'ordre de l'ancien régime corporel, mais aussi « adoucit et bronze la peau ». Le bronzage vient donc en troisième rang seulement et c'est bien de bronzage que l'on parle, pas de brunissement. La métaphore esthétique/éthique fait passer l'audace, mais l'essentiel est atteint : le bronze entre par la grande porte d'une marque d'élite dans les attributs de la beauté de supériorité sociale.

---

2. Cité par Jean Watin-Augouard, « Jean Patou, une mélodie toujours dans l'air du temps », <www.prodimarques.com>, janvier 2004.

3. Exemple : *Vogue*, juillet 1929. Voir aussi *Vu*, 16 juillet 1930.

Et L'Oréal vint

Il serait cependant schématique de ne voir dans l'histoire économique du produit bronzant que l'effet d'une stratégie de parfumeur. En lançant une huile, Jean Patou est en fait entré dans un troisième cercle, après celui de la couture et du parfum, celui du cosmétique, qui a sa propre topographie (économique) et sa propre géopolitique. Celle-ci est dominée par deux grands types de stratégies, que l'on veut bien appeler commerciales mais qu'il importe aussi de qualifier en termes culturels puisqu'il s'agit, au fond et d'abord, de fournir à une société des objets pour la satisfaction de ses désirs. La première stratégie a choisi de s'adresser directement à la femme en lui proposant des « soins », articulés sur des produits que, par ailleurs, la cliente peut acheter et utiliser sans passer par l'« institut de beauté » ; la seconde fait, sauf exception, l'économie de l'artisanat et se contente d'intensifier son réseau commercial en vendant ses produits dans l'espace, en plein essor, de la distribution, grande ou petite. En arrière-plan, ces deux stratégies fondent l'élaboration desdits produits sur la tradition de la pharmacie, mais elle est peu à peu industrialisée sur la base de l'apport de la grande science appliquée du XIXe siècle finissant : la chimie, domaine dans lequel excelle une nation émergeante, l'Allemagne. Ainsi est-ce d'Allemagne que vont venir deux grandes innovations du tournant du siècle pour ce qui touche au corps féminin : le shampooing « scientifique » (Schwartzkopf, à partir de 1903) et la crème de soins Nivéa crème (entreprise Beiersdorf, 1911).

Dans les deux cas, il s'agit d'une réelle innovation chimique – Nivéa crème est la première émulsion d'huile dans l'eau – mise au service des nouveaux standards de la beauté et de la santé cutanées. Le succès de la crème Nivéa annonce celui d'Ambre solaire : il est fondé sur l'association d'un argument coloré – la blancheur, suggérée par le nom du produit, qui renvoie à la neige, et, surtout, par son apparence, qui est due au procédé inventé par Isaac Lifschüts – et le parfum, dû aux choix du pharmacien Oskar Troplowitz et du dermatologue Gerson Unna, avec un zeste d'acide citrique pour ne pas rancir. Sur le fond du teint, en revanche, Nivéa, dont le succès ne s'est pas démenti depuis près d'un siècle, se vend d'abord, évidemment, sur la base du triptyque santé/beauté/fraîcheur anti-hâle : la première publicité glose sur le thème de la femme fragile, qu'il importe de protéger contre les agressions d'un environnement hostile. Quand, au début des années 1930, Nivéa intégrera une crème solaire dans sa gamme, elle prendra le train en marche. L'hégémonie allemande sur le terrain de la chimie, même écornée, comme le reste de la suprématie scientifique allemande, par la guerre de 14-18, aurait cependant pu permettre à l'industrie de ce pays de reprendre l'initiative : le 1er avril 1933 une demande de brevet était déposée par la société Bayer pour un premier produit de protection solaire avec agent filtrant anti-ultraviolet (B, en l'espèce), mais la date exprime assez bien que « Delial » sera, pour l'essentiel, confiné avant la guerre à une diffusion nationale. Après la guerre, les États-Unis, tard venus sur ce terrain, auront leur propre production anti-ultraviolets à proposer, lancée en 1944 par la crème Coppertone – au nom valorisant, où le cuivre occupe la place du bronze – et, en 1946, le chimiste autrichien Franz Greiter aura baptisé une crème du nom, romanche, d'une montagne des Alpes, le « Piz Buin ». Mais surtout, entre temps, sur le marché européen, un produit aura éclipsé l'huile de Patou et occupé le terrain, un produit qui signe un choix commercial plus efficace.

Ambre solaire est le résultat d'une démarche industrielle classique : c'est l'initiative d'un patron, Eugène Schueller, lui-même chimiste de formation, rendu personnellement sensible à l'émergence d'un nouveau besoin social, qui fait travailler ses laboratoires à une solution technique satisfaisante. Ce patron-là se distingue particulièrement et son entreprise est beaucoup mieux armée que la petite maison Patou pour dominer un marché et tenir la distance.

Eugène Schueller a fondé la fortune, à la fois économique et culturelle, de sa maison[4], créée en 1909, sur les « teintures inoffensives pour cheveux », pour reprendre la formule qui sert d'enseigne à son entreprise, avant qu'elle n'adopte le sigle, plus mystérieux mais plus efficace, de L'Oréal, où l'on remarquera la présence symbolique de l'or. Forte personnalité, ayant un projet non seulement pour son entreprise mais aussi pour son pays, voire pour le monde – il finance un réseau politique et, en 1940,

4. Sur cette période de l'histoire de L'Oréal, voir Bruno Abescat, *La Saga des Bettencourt : L'Oréal, une fortune française*, Paris, Plon, 2002 ; François Dalle, *L'Aventure L'Oréal*, Paris, Odile Jacob, 2001.

croira l'heure venue de faire passer ses idées de réforme par le biais de l'« État français » –, Eugène Schueller est, vers le milieu des années 1930, à l'apogée de son ambition sociale.

Il a, depuis plusieurs années, fixé sa villégiature sur la côte bretonne, à « Sorbonne-plage », autrement dit dans le hameau de l'Arcouest (commune de Ploubazlanec) que fréquente depuis une génération un groupe compact de professeurs et de chercheurs, principalement physiciens et chimistes (les Joliot-Curie, les Perrin, les Lapicque, etc.). Mais, alors que Charles Seignobos ou Jean Perrin, hommes de 1900, ne songent guère à s'exposer à un soleil au reste capricieux et que, dans les nouvelles générations, l'actif Frédéric Joliot-Curie, il le prouvera à ses dépens, se préoccupe peu de protéger son corps, Eugène Schueller, peau sensible et industriel des cosmétiques, transforme son expérience de loup de mer de luxe en test grandeur nature de la capacité des produits existant sur le marché à lutter efficacement contre les coups de soleil. Cette capacité se révèle médiocre. L'industriel conquérant en tire la conclusion qu'il y a place pour une nouvelle innovation maison.

En avril 1935, ses chimistes mettent au point une huile que leur patron va lancer par degré, d'abord sur la Côte d'Azur puis à l'échelle du pays. Les circonstances politiques l'aident, en mettant les congés pays à l'agenda[5]. Le succès d'Ambre solaire est repérable dès l'avant-guerre,

5. La chronologie, devenue mythique, est éclairée par le numéro d'août 1935 de *Votre beauté*.

mais il sera relancé après la guerre par la campagne de publicité originale, qui lui est affectée à partir de 1948, à travers l'utilisation d'effigies d'une « pin up » en bikini à taille humaine, nouveaux totems américanisés d'une société qui, sortie des deuils, des perturbations et des restrictions, reprend le chemin des plages, après celui, plus précoce, des bals publics et des boîtes de jazz. Dans l'entre-deux, les années noires n'auront pas été des années blanches pour le produit solaire, qui aura trouvé des usages détournés témoignant de l'importance du désir de hâle, même empêché, en étant utilisé comme ersatz de bas, en l'absence des soies naturelles ou artificielles d'avant-guerre

Mais le point central n'est pas là. Il est plutôt dans la pertinence technique, dans le relais publicitaire et le petit quelque chose de plus qui fait la différence avec les concurrents éventuels. La technique a mis au point une huile (la crème n'arrivera qu'en 1951) qui concilie filtrage et bronzage, d'où le slogan principal « bronzer sans brûler », flanqué quelque temps plus tard[6] par le plus pointu « brunir rationnellement ». Le petit quelque chose de plus se situe quant à lui là où on n'attend pas nécessairement le produit bronzant : le parfum. Celui d'Ambre solaire est fortement présent, mais il emporte l'adhésion de la plupart des consommateurs parce que, précisément, il « marque » leur distinction et manifeste sensitivement leur santé, leur beauté et leurs protections : il sent les vacances.

---

6. *Votre beauté*, juillet 1937.

On peut cependant penser que la plus nette particularité du produit est dans l'impact des campagnes publicitaires qui en ont accompagné le lancement. À côté des « réclames » diffusées d'abondance dans les périodiques, en particulier dans les hebdomadaires, qui « ciblent » une clientèle féminine jeune et/ou moderne, deux instruments ont fait l'objet d'une attention particulière. Le premier est d'impact limité mais profond ; il tient dans un mensuel, racheté et relancé par Eugène Schueller en 1933 sous le titre *Votre Beauté*. Le titre antérieur mettait en avant *La Coiffure et les modes* ; l'élargissement correspond à celui du champ exploré par L'Oréal. Comme son nouveau titre l'indique, *Votre Beauté* vise un public qui ne se limite pas aux professionnels des cosmétiques mais s'ouvre à l'avant-garde des femmes assez préoccupées de leur apparence extérieure pour en faire l'achat. Il réussit également à en atteindre de larges pans en étant aussi, semble-t-il, très présent dans les salons des coiffeurs qui utilisent des produits L'Oréal. Mais l'instrument publicitaire le plus efficace et de plus large diffusion a sans doute été la radio, qui devient précisément à cette date le média le plus répandu, présent, à la veille de la guerre, dans près de cinq millions de foyers. Ces années sont aussi celles où monte à l'horizon l'étoile du plus grand publicitaire de sa génération, Marcel Bleustein, devenu en 1935 patron de la principale station privée, Radio-Cité. L'Oréal est très présente sur ses ondes comme sur celles des deux autres principales stations privées, en même temps que les plus écoutées, Radio-Luxembourg et Radio 37 (38, 39). La partie décisive a sans doute été jouée là.

Effets collatéraux

On comprend dès lors que, face à un tel concurrent, les autres produits bronzants aient été éclipsés sur le marché français. L'Huile de bronze de Molinard, l'Huile à brunir de Giraud et même un produit qui met en avant la lutte contre les ultraviolets nocifs comme Diadermine U.V.[7], sont aujourd'hui oubliés. Pourquoi, dans ces conditions, les instituts de beauté sont-ils tellement en retrait ? Assurément, les deux grands leaders du marché à l'époque, Helena Rubinstein et Elizabeth Arden, vont, on l'a vu, amorcer le virage et intégrer à leur gamme des huiles, crèmes, laits destinés à des clientes désormais décidées à bronzer. Mais l'impression générale est au surclassement. L'affaire se joue pour l'essentiel hors de leur espace.

Tout juste la microanalyse de la stratégie commerciale de l'institut Klytia, observable à partir de ses instruments de publicité[8], permet-elle de repérer dès 1929 la mise en place d'un protocole solaire combinant une crème contre les coups de soleil à une récente (elle est numérotée 293 dans l'inventaire des produits mis en vente, qui n'en comprend guère plus) « Huile des tropiques », dont le descriptif indique qu'elle aide aussi « à brunir, à dorer la peau », complétée en flanc-garde (numéro 294) par une « lotion Phoebus » qui, elle, « dore artificiellement la peau » avec l'aide d'un pinceau et d'un coton. Quand, en

7. *Marie-Claire*, 24 juin 1938.
8. Archives familiales (remerciement à Delphine Marcadet).

1931 la maison élabore, principalement en direction des États-Unis, la version anglaise de son catalogue, elle expose, avec précautions – le terme «*even*» (même), revient plusieurs fois –, l'hypothèse du «désir» d'un teint hâlé[9].

Mais que l'embarras tourne ici à la schizophrénie, c'est ce dont témoigne, d'une part, le classement de l'Huile des tropiques et de la lotion Phoebus dans une catégorie plus générale des «spécialités contre les coups de soleil», de l'autre le maintien – en fait, la prédominance – dans le même catalogue des produits, classiques, ayant pour objet de blanchir le cou ou les mains des clientes. Assurément, il n'y a rien de théoriquement incompatible à vouloir bronzer et à lutter contre les coups de soleil ou à se laisser hâler le visage et à protéger ses mains. Il n'y a surtout rien d'absurde commercialement, bien au contraire, à viser des publics différents, voire aux valeurs opposées. Le problème qui demeure posé aux instituts de beauté est dans la cohérence du discours qu'ils vont tenir à leurs clientes, supposé fondé sur une «méthode rationnelle et scientifique» – pour reprendre la formule unificatrice de l'entreprise Klytia –, qui ne peut pas sans dommage renverser totalement ses critères de beauté/santé.

Encore sur ce terrain, la force commerciale internationale d'Helena Rubinstein ou d'Elizabeh Arden permet-elle à ces entreprises de résister à la bourrasque, à la fois

9. «If even tan is desired», p. 7; «When a charming, even, natural tan is desired», p. 24, etc.

en faisant la part du feu et, pour l'essentiel, en situant leur excellence sur d'autres plans. Elles le font avec réticence, si l'on considère seulement les deux publicités parues dans le même numéro de *Vogue*, à la fin des années 1920 : « Si votre peau a été généreusement exposée au soleil pendant l'été, une série de traitements suivis à la clinique de beauté Helena Rubinstein atténuera les effets du hâle et lui rendra rapidement sa délicate et captivante blancheur », dit la première, pendant que le traitement proposé par Elizabeth Arden, significativement dénommé « Après l'été », se donne pour objectif de « blanchir [...] la peau après l'exposition aux trop brillants rayons du soleil estival[10] ». Les dernières années 1930 seront ainsi des années de lancement pour des produits devenus des symboles de réussite commerciale, mais situés ailleurs que sur le terrain monopolisé des produits solaires, comme la crème de Huit heures d'Elizabeth Arden (1935), la crème Tomate d'Ella Baché (1936) ou la crème Nutrix de Lancôme (1936).

Le décollage de la mode du bronzage est donc perceptible de manière collatérale, dans les modifications que subissent d'autres marchés, organiquement liés au précédent. Ainsi la poudre, naguère triomphante dès qu'il était question de soigner ou de parer le visage, tente-t-elle de résister en accompagnant la tendance. L'élégante n'en a pas encore abandonné l'usage, « en ville » l'hiver et même en villégiature. Juste avant la guerre, l'heure va

10. *Vogue*, septembre 1928.

donc être aux poudres colorées. Les unes sont là pour accompagner le brunissement: «J'emporte toujours, en voyage, une boîte de poudre extrêmement foncée que j'ajoute progressivement à ma poudre ordinaire au fur et à mesure que mon teint brunit», révèle Jacqueline, l'une des médiatrices de *Marie-Claire*[11]. C'est le sens, aussi, des poudres Patou, «brun berbère» ou «brun laotien», qui «permettent d'accentuer [...] l'effet du hâle[12]». Pour le reste, les poudres rallient la tendance dominante. Le protocole Solobruno de l'institut Keva, associant préparation et poudre, donne instantanément un «teint brûlé» aux «personnes qui n'ont pas eu l'occasion d'un séjour prolongé à la mer ou à la montagne[13]». Quand la marque Gemey présente aux lectrices de l'automne 1937 sa gamme de poudres, les nuances claires sont désormais nettement éclipsées par les «ocre rosée», «blonde hâlée», «ocrée», «brune hâlée», «cuivrée» et autre «bronzée[14]». Après la guerre, la poudre d'été sombre tout à fait: quand, le 24 septembre 1946, les rédactrices de *Elle* évoquent la possibilité d'utiliser une poudre ocre pour simuler ou accentuer le hâle, elles le déconseillent car «le masque n'est jamais joli et toujours vieillissant». Le processus est lancé: la poudre n'en a plus pour longtemps.

---

11. *Marie-Claire*, 24 juin 1938.
12. *Marie-Claire*, 18 juin 1937.
13. *Vogue*, septembre 1929.
14. *Marie-Claire*, 1er octobre 1937.

Il existe, en revanche, des produits qui savent profiter de la mode, tout en maintenant la présence du maquillage dans la trousse de l'élégante. Il suffit d'adapter son discours et son produit à la mise en valeur des attributs d'un corps hâlé. Si le rouge à joues tend à disparaître, le vernis à ongles est sur la défensive : le *Marie-Claire* du 20 août 1937 le mentionne encore dans la liste du maquillage conservé « en vacances ». Jacqueline, l'année suivante, ne conserve plus, pour elle-même, qu'« un peu de rouge sur les lèvres[15] ». Après la guerre, *Elle* concentrera ses conseils de maquillage d'été sur les cils, les paupières et les lèvres. Ces dernières bénéficient depuis la fin des années 1920 d'une innovation technique capitale, avec la mise au point par le chimiste français Paul Baudecroux du rouge tenace, commercialisé sous la marque « Rouge baiser », qui, à son tour, va bénéficier de la progressive concentration des stratégies de maquillage.

Le grand accessoire dont le bronzage va promouvoir l'usage, au-delà de cercles chics ou d'un usage professionnel étroit, sera les lunettes de soleil. Le grand basculement est, une fois de plus, sur le plan des représentations. Comme l'affirmera après-guerre le magazine *Elle*[16], ces lunettes, jusque-là portées comme des contraintes, presque des prothèses, « aujourd'hui, on les porte par coquetterie ». Dès l'été 1939, *Marie-Claire* présente une gamme de montures déclinant « écaille », « ivoire » et « ombrex ». Ce changement de statut est

---

15. *Marie-Claire*, 24 juin 1938.
16. *Elle*, 1er juillet 1947.

évidemment lié au croisement entre la nécessité physique de protéger ses yeux, rappelée incessamment par les journalistes comme par les médecins, et la découverte, même modeste encore, de la part d'esthétique qui peut entrer dans cet instrument dont l'usage a également un autre avantage symbolique : celui de rapprocher son porteur de l'apparence sportive (sports d'hiver) voire franchement aventureuse (aviation). Aux États-Unis, ce rapprochement est bien illustré par le lancement de la marque Ray-Ban en 1937, dont le nom dit bien le propos *a priori* utilitaire, confirmé par un usage d'abord concentré sur le monde des aviateurs. Suivront après-guerre les motards, puis les estivants. L'économie ouvre rarement la voie, mais elle accompagne très bien.

4

Soigner

Aux capacités de coproduction de la tendance que l'on repère sur le terrain de l'économie, on mesure à l'avance celles qui peuvent être mises au jour sur celui du discours savant, tel qu'il va se trouver mobilisé en première ligne sous la forme du discours médecin – qui, par définition, est d'abord une pratique. Car face au corps médicalisé, il y a un « corps médical ». À chaque époque, la médecine, puisqu'elle a pour fonction, reconnue conventionnellement par la société, d'en prendre soin, se représente le corps, partant le cosmos, et, par un mouvement circulaire classique, fonctionne à la fois en cause et en effet de l'évolution des représentations du corps en question. Si le traitement par le soleil « perce » au tournant du XIXe et du XXe siècles, ce n'est donc pas tout à fait par hasard.

De la nature au naturisme

L'historiographie nous le dit depuis un demi-siècle[1] : la sensibilité romantique a inventé la Nature, source, inspi-

---

1. Depuis, pour le moins, l'ouvrage de Jean Ehrard, *L'Idée de nature en France dans la première moitié du XVIIIe siècle*, Paris, Albin Michel, 1963.

ratrice, impératrice de l'homme, qui perd à s'éloigner d'elle et gagne à s'y ressourcer, entre *Promeneur solitaire* et génie ténébreux. Les arts vont s'ouvrir à Elle. Et le discours savant tout autant. Pour ne citer que cette science, l'anthropologie, de James G. Frazer à Claude Lévi-Strauss inclusivement, participe de cette sensibilité, volontiers effusive. Et c'est, précisément, parce que la sensibilité irrigue la science – tout autant, sinon plus, que le contraire – que, depuis quelque temps[2], l'historiographie précise qu'après l'expiration de la veine romantique directe, la sensibilité fin-de-siècle a, à son tour, inventé le *naturisme*[3]. Mais désormais la perspective a changé. Ce ne sont plus les villes qui progressent ; ce sont les campagnes qui commencent à se dépeupler ; à la Révolution politique s'ajoute la « révolution industrielle » ; enfin, et peut-être surtout, la nouvelle chimie, la nouvelle physiologie, la nouvelle médecine remettent en cause les bases mêmes de la représentation du monde issue des Grecs. Claude Bernard et Louis Pasteur font de l'ombre à Hippocrate et Galien et la découverte, au milieu du XIXe siècle, de l'immunologie arrive à point pour redonner du tonus à une conception plus animiste et environnementaliste de l'être humain. Le naturisme apparaît dès lors comme tout à la fois mise en œuvre radicale des principes romantiques, enracinée dans les genres de vie

2. Arnaud Baubérot, *Histoire du naturisme : le mythe du retour à la nature*, Rennes, Presses universitaires de Rennes, 2004.

3. Le nom est à la mode au tournant du siècle, où il s'applique aussi à l'une des nombreuses écoles littéraires en circulation.

(les Allemands parleront de *Lebensreform*, réforme du mode de vie), et arme défensive des tenants du vieux vitalisme, remis au goût du jour. C'est ainsi que l'on trouve, parmi les théoriciens naturistes du XIXe siècle comme du XXe siècle, aussi bien des gourous en rupture de ban avec la science officielle que des notables médicaux traditionalistes sur la défensive, et, dans l'entre-deux, quelques médecins en dissidence de la nouvelle vulgate.

Une remarquable synthèse de ces traits se trouve dans les figures de prêtres guérisseurs, à l'origine de tant de « jouvences ». Le modèle du genre est l'abbé Sébastien Kneipp, curé bavarois dont *Ma cure d'eau* (1886) fixe la doctrine, fondée sur l'hydrothérapie, elle-même héritée des pratiques empiriques du Silésien Vincenz Priessnitz. À la fin du XIXe siècle, le kneippisme a un tel succès que malgré les obstacles nationaux il se crée une « association kneippiste » même en France, en 1896. Deux ans plus tard, la traduction en français d'une encyclopédie naturiste allemande, *La Nouvelle Médication naturelle*, de Friedrich Eduard Bilz, installe l'hypothèse naturiste au cœur des pratiques de médication individuelle et d'une minorité de médecins militants. Au même moment, l'aérisme, qui avait connu une première vogue au XVIIIe siècle sous le vocable de la « cure d'air », commence à se diffuser à travers l'Europe, à partir des textes et surtout des expériences alpines d'Arnold Rikli. L'ouvrage qui paraît en 1905 à Lausanne, sous son nom et le titre *Médecine naturelle et bains de soleil*, synthétise un demi-siècle de pratique de la « cure atmosphérique », composée du « bain de soleil » et du « bain de lumière », où le curiste est dévêtu. On ne sera pas autrement surpris de découvrir que le premier texte de propagande en français pour *Les Bains atmosphériques*[4] soit, quant à lui, l'œuvre d'un prêtre catholique (belge) d'abord passé par le kneippisme.

On aura déjà remarqué la dimension ethnique du phénomène. Allemands, Autrichiens, Suisses alémaniques, voire Suisses romands ou Flamands de langue française : les initiatives partent d'un grand espace culturel germanique ou de ses pourtours. Il en est de même des organisations fondatrices en matière de randonnée pédestre – la première association française, le Club vosgien a, en fait, été créée, en Alsace, à l'époque de l'annexion allemande –, de colonies de vacances ou d'auberges de la jeunesse, sans parler de l'installation à Dresde, en 1911, du maître romand de la gymnastique rythmique, Émile Jaque-Dalcroze. On a donc bel et bien affaire ici à un modèle naturiste germanique – ou, si l'on préfère centre-européen –, dominé par la référence romantique à la montagne et à la forêt, hauts lieux de la *Natur* préservée, et structuré en partie sur les deux clergés catholique et protestant (le mouvement des colonies de vacances est initialement porté, en Suisse, en France ou aux États-Unis, par des pasteurs). La vigueur de la diffusion de la bonne parole naturiste n'en est que plus frappante.

4. Nicolas Nuens, 1897.

L'univers naturiste

Cette diffusion a un prix : à l'orée du XXe siècle, les naturistes sont en train d'être renvoyés vers les marges des laboratoires, des pharmacies et des hôpitaux. Ils vont investir d'autres terrains, pédagogiques ou ludiques, sans cependant abandonner le thérapeutique quand ils le pourront. La médecine dominante leur en tolérera quelques-uns ; l'héliothérapie sera le principal.

La positivation du « plein air » a été à l'origine du mouvement randonniste. Elle pénètre dans l'institution scolaire qui élabore, en terrain allemand, l'« école de forêt » (*Waldschule*), formule lancée en 1904. Alors que les années 1870 à 1890 avaient vu le lancement, à travers tout l'Occident, du mouvement des « colonies » de vacances scolaires – au nom significatif –, relayées ou non par les patronages confessionnels ou laïques, l'idée d'éducation en plein air fait son chemin au sein même du temps et de l'espace scolaires. En France, pour une fois précoce, une ligue est créée dès 1906 et c'est à Paris que se tiendra, en 1922, le premier Congrès international des écoles de plein air, occasion, parmi d'autres, pour le pays vainqueur de 1918 d'essayer de reprendre l'initiative sur ce terrain, comme sur plusieurs autres où c'était jusque-là le modèle allemand qui prédominait internationalement. La rencontre avec l'école thérapeutique du bain de soleil s'y fait très « naturellement », même si elle n'atteint que rarement le degré de systématisme qui est expérimenté en 1910 dans le canton de Vaud par le docteur Auguste Rollier, qui ouvre un internat entièrement voué à la cure solaire, ou, éphémèrement, dans l'atmosphère très spécifique de la guerre, par le docteur Paul-Félix Armand-Delille, à l'école du Monnetier, en Savoie[5].

Sur le terrain mixte du jeu éducatif – dès que le jeu est pris en charge par une institution, il se doit de se donner des objectifs pédagogiques –, la cure atmosphérique ne joue plus qu'un rôle second. C'est le sens de la création des « Oiseaux migrateurs » (Wandervögel) allemands, en 1896, et de l'opération la plus réussie de l'époque, la création du mouvement « éclaireur » par Baden-Powell, à partir de 1907. La notion d'« école de plein air », dont se réclament plusieurs milliers d'établissements à travers le monde à la fin des années 1930, rencontre un écho d'autant plus favorable que sa déclinaison sur le terrain est plus souple, voire plus floue[6]. Ce réseau génère, assurément, des réflexions et des pratiques architecturales remarquables et remarquées – dominées en France par l'ouverture, en 1935, de l'école-modèle de Suresnes, construite sur les plans d'Eugène Beaudouin et Marcel Lods pour intégrer la « cité-jardin » voulue par le maire socialiste réformiste Henri Sellier. Mais la réforme des méthodes pédagogiques qui, en bonne logique, est à la clé, ne suit pas toujours, poids des institutions et/ou des mentalités faisant. Il est significatif qu'en France même l'association la mieux intégrée à l'institution scolaire

5. Paul-Félix Armand-Delille, *L'Héliothérapie*, Paris, Masson, 1914.

6. Anne-Marie Châtelet, Dominique Lerch et Jean-Noël Luc (dir.), *L'École de plein air : une expérience pédagogique et architecturale dans l'Europe du XX*^e^ *siècle*, Paris, Éd. Recherches, 2003.

(556 établissements affiliés en 1933) soit « L'hygiène par l'exemple », créée en 1920 sous le patronage des caciques pasteuriens, à commencer par Émile Marchoux et par Alfred Calmette lui-même, père du vaccin antituberculeux (bacille Calmette-Guérin, BCG). De même, quand la venue au pouvoir du Front populaire ouvrira une fenêtre d'opportunité aux militants de l'« éducation nouvelle », qui ont soudain porte ouverte au ministère, le principal résultat pratique concernera moins l'ambitieux programme de développement de l'éducation physique et du plein air dans les programmes et les équipements de l'école élémentaire, limité par le manque d'argent et de temps, que dans la fondation de « centres d'entraînement aux méthodes d'éducation active » (CEMEA), tournés en fait vers les colonies de vacances.

Pour notre propos, le résultat ou, plutôt, la résultante est claire : entre scoutisme, écoles de plein air et colonies de vacances, les modernistes de la pédagogie sont nombreux à faire de l'activité physique en général et de son expression plein-airiste en particulier l'un des moteurs de la rénovation éducative, celle qui, justement, entend substituer la mission d'éducation à celle de simple « instruction » (en 1932, le ministère français en charge du secteur passera du premier intitulé au second). Si, en tant que projet de réforme éducative, le mouvement a échoué, il a certainement préparé le terrain à la victoire intellectuelle (dite « scientifique ») de l'aérisme, ce d'autant plus qu'un espace proprement médical avait été octroyé à celui-ci, dont l'apogée se situe justement au début des années 1930.

Héliothérapie

À chaque époque sa maladie de référence, sinon de préférence, celle vers laquelle ses élites portent une bonne partie de leur énergie curative, jusqu'au jour où elles l'abandonnent : elle est devenue guérissable ou n'existe plus car l'étiologie a changé. Entre la peste et le choléra, en amont, et le cancer puis le sida, en aval, la tuberculose eut ainsi son heure en Occident. La mise au point du BCG, au lendemain de la Première Guerre mondiale, et, surtout, celle de l'antibiotique *ad hoc*, la streptomycine, au lendemain de la Seconde, fermèrent le cycle. En attendant, la première moitié du XXe siècle verra l'apogée du réseau d'établissements ayant pour objet de soigner – à défaut de guérir – la maladie par le plein air ; c'est la grande époque des préventoriums, sanatoriums, aériums et autres solariums. Thomas Mann donnera ses lettres de noblesse à ce type de cure et, plus encore, de cadre en situant sa *Montagne magique*, parue en 1924, dans un sanatorium de Davos.

Le lancement de l'héliothérapie est antérieur à cette focalisation sur la maladie du siècle. Les premiers travaux apportant certaines preuves expérimentales du caractère curatif du soleil remontent aux années 1840 (Amédée Bonnet), mais ils ne sont solidement étayés qu'à partir des découvertes des Britanniques Thomas Blunt et Arthur Downes (en 1877, sur le pouvoir bactéricide du soleil) et du Danois Nicolas Finsen, père de la photothérapie (1893 ; ouvrage traduit en français en 1899). À partir de cette époque, une « école de Lyon », autour d'Antonin

Poncet, patron de René Leriche, s'attache à démontrer l'efficacité de la cure solaire, en particulier sur la tuberculose osseuse; sans grand succès mais cette production contribue à légitimer une pratique proliférante qui n'a pas attendu (elle l'attendra toujours) la confirmation expérimentale sur le front de la tuberculose pour prouver l'héliothérapie en marchant, c'est-à-dire en ouvrant des établissements exclusivement ou partiellement voués à ce type de cure. Le premier établissement de la sorte est ouvert – une fois de plus en Allemagne: Gorbersdörf, Silésie – en 1862. En descendant vers le sud et, plus encore, en descendant le long du siècle, il intègre plus nettement l'air libre et la lumière.

Les procédures sont empruntées, pour partie, à l'eau: l'héliothérapie apparaît alors comme une hydrothérapie plus efficace et scientifiquement mieux lestée. C'est le sens de la démarche du médecin français (flamand) Albert Monteuuis qui met d'abord en avant le bain de mer (*Les Enfants aux bains de mer*, 1889) avant d'accorder plus de place à la «médication atmosphérique» et, passant significativement de la mer du Nord à la Côte d'Azur, d'ouvrir un sanatorium dans le Var (Sylvabelle, La Croix-Valmer) en 1905. Mais c'est en montagne, à Leysin, dans le canton de Vaud, que, deux ans plus tôt, le médecin Auguste Rollier a ouvert la première «clinique du soleil», prioritairement tournée vers la tuberculose extrapulmonaire. L'affaire, une fois de plus, est ethniquement située: Auguste Rollier est neuchâtelois mais le milieu intellectuel initial gravite autour des facultés de médecine alémaniques et autrichiennes. L'inspirateur de

Rollier, lui-même élève du premier prix Nobel de médecine, le Bernois Theodor Kocher, est un Engadinois, Oskar Bernhard, qui, devant une plaie abdominale qu'il peine à guérir, a l'intuition d'utiliser la méthode dessicatrice de la viande des Grisons. Cet « aliment délicieux et plein d'énergie » lui inspire d'« essayer aussi sur du tissu vivant cette action antiseptique et desséchante et du soleil et de l'air[7] ». Au reste, il n'y a rien de surprenant à découvrir à la même époque à la périphérie du mouvement un autre Suisse du nom de Charles-Édouard Jeanneret – *alias* Le Corbusier – qui fera de la lutte contre la tuberculose l'un des articles de son credo urbanistique, et de l'ouverture des habitations à l'air et au soleil l'une des préoccupations de son credo architectural.

Peu écouté au grand Congrès international de la tuberculose tenu à Paris en 1905, Auguste Rollier tracera son chemin en solitaire célèbre. Son ouvrage fondateur sur *L'Héliothérapie de la tuberculose*, publié, comme il se doit, en allemand en 1913, est immédiatement traduit en français. Sur le terrain, il va édifier patiemment une chaîne complète d'institution de soins. Au Chalet originel s'ajoute, en 1910, on l'a vu, une école-préventorium, sise à Cergnat (Les Noisetiers) ; suivront diverses cliniques, sommées en 1930 par une « clinique manufacture internationale », édifiée par l'architecte, entre autres, du siège du Bureau international du travail, Georges Épitaux. C'est

7. Cité *in* T.C. Medici, « La tuberculose et l'idéal de l'habitat moderne », *Médecine et Hygiène. Revue médicale suisse*, vol. 61, n° 2448, 2003, p. 1632-1638.

dans cette perspective que se situera, en 1924, la Sunlight League anglaise du docteur Saleeby.

À ce purisme solaire, les médecins et autres soignants naturistes de l'entre-deux-guerres préfèreront en général un mixte des différentes méthodes réunies sous le vocable de « physiothérapie ». Le premier congrès français se réclamant de cette convergence a lieu en 1908. Il rassemble pêle-mêle toutes les thérapies « naturelles », y compris l'électrothérapie et la radiothérapie. Ce rassemblement scientifiquement hétéroclite est cimenté par une même volonté d'en découdre avec la Science officielle, qui ne suffit cependant pas à lui éviter les querelles de chapelles.

Du côté de la médecine établie, une synthèse acceptable est opérée sous l'égide du professeur Paul-Félix Armand-Delille, déjà nommé, sous la signature duquel nous avons trouvé la plus ancienne occurrence, pour l'instant, de la métaphore moderne du « corps bronzé », en 1921[8]. Un peu plus à la marge, Jean Saidman, promoteur de l'actinothérapie, ou traitement par le rayonnement (principalement infrarouge et ultraviolet), est à l'origine du premier solarium tournant français, en 1930, à Aix-les-Bains. Il ouvre, quatre ans plus tard, l'institut héliothérapique de Vallauris – aujourd'hui Centre héliomarin –, construit par l'architecte Pierre Souzy sur le modèle de l'immeuble à gradins (et, aussi, à carrelage) d'Henri

8. Paul-Félix Armand-Delille et Philippe Wapler, « Un corps d'enfant bronzé au soleil n'a rien d'indécent », *Hygiène sociale. L'école de plein air et l'école au soleil,* Paris, Maloine, 1919, 2e éd. 1921, p. 33.

Sauvage, rue Vavin, à Paris. Ce compromis héliomarin prépare le chemin à la « thalassothérapie », dont le mot remonte au XIXe siècle mais dont la mode ne démarrera que dans les années 1960.

En France, la mouvance sera, après la guerre, structurée autour de deux pôles. Le plus efficace, sur le long terme, est celui des frères André, Gaston et Henri Durville, prolifiques propagandistes de *La Cure naturiste*, titre de leur traité publié en 1921, en même temps que treize brochures spécialisées, déclinant les innombrables vertus de la méthode. Leur « revue mensuelle de naturisme et d'éducation physique », *La Vie sage* (1923, devenue *Naturisme* en 1930), prépare le terrain à l'ouverture de véritables camps naturistes – le plus célèbre sera, en 1931 celui d'« Heliopolis », dans l'île du Levant –, au sens où le terme s'imposera peu à peu aux yeux du grand public, le nudisme qui y est pratiqué n'étant que la forme la plus apparente d'une philosophie globale. Mais il est significatif que, au long des années 1930, l'argument de la beauté ait eu tendance, chez les Durville, à prendre de plus en plus de place au côté de celui de la santé. En 1933 une « Page de la femme » apparaît dans la revue, en même temps que sort le dernier ouvrage d'André et Gaston Durville. Il s'intitule significativement *Fais ton corps*. On y exalte les anatomies « de bronze » dans une perspective que récuse absolument, au même moment, l'autre maître à penser du naturisme français, celui dont l'œuvre, en effet centrée sur non pas l'épanouissement des corps mais sur la saine doctrine d'harmonie naturelle qu'il s'est forgée, contemple désormais avec désapprobation cet amollissement hédoniste.

L'homme s'appelle Paul Carton, médecin guéri d'une tuberculose par un régime alimentaire sévère. Il a, lui aussi, lancé une revue (*La Revue naturiste*, 1922) et, lui aussi, exposé les bases de son système au sortir de la guerre (*Traité de médecine, d'alimentation et d'hygiène naturistes*, 1920). Chez lui l'héliothérapie occupe au départ une place centrale, surtout à destination des enfants (*La Cure de soleil et d'exercices chez les enfants*, 1917). Mais le ton est donné d'emblée quand il entend préciser : « On doit considérer le soleil, non pas comme un simple agent de guérison pour certaines maladies spéciales, mais surtout comme un moyen héroïque de cultiver la vitalité et la santé de tous les individus normaux. Aussi, la pratique régulière du bain de soleil devrait-elle entrer dans les usages courants. » Toute l'évolution de Paul Carton, par ailleurs adepte du végétarisme, féru d'ésotérisme et de sympathies politiques conservatrices, est dans l'introduction de deux mots dans cette dernière phrase, à l'occasion de la réédition 1935 de son ouvrage : à « pratique régulière », il ajoute « et discrète ». Dès le numéro daté de juin-août 1922, sa revue a en effet dénoncé « les erreurs et les exagérations de l'école du soleil ». L'allusion à la discrétion et divers autres indices permettent de diagnostiquer où se situe la gêne du rigoriste Paul Carton : en tant que puritain, il est choqué par l'étalage public du bronzage et, plus en profondeur, il voit se développer une pratique qui, ne s'accompagnant pas d'une « cure », échappe au contrôle souverain du maître.

Comme souvent, Carton et les Durville avaient tous les deux «raison», mais pas sur le même plan. Carton avait raison, de son point de vue, de voir dans la vogue du bronzage une pratique qui ne s'intégrait pas, *ipso facto*, dans une «réforme» personnelle. Mais les Durville avaient raison d'adhérer au mouvement profond de la société, dont les bronzants cherchaient d'abord un épanouissement sensuel. La lecture des magazines à la mode permet cependant de voir à quoi pouvaient servir le discours et la pratique héliothérapiques, dont les avancées ultérieures de la médecine réduiront singulièrement l'ampleur: à justifier *ab initio* le geste du bronzant en l'adossant à l'autorité de la science. *Marie-Claire* le dit, en 1938: l'acné est efficacement combattu par le soleil[9]. *Elle*, juste après la guerre, sera moins affirmative mais gardera l'essentiel de ce discours[10]. Le premier titre affirme de même que «les bains de soleil aident à combattre la cellulite[11]», qu'ils ont un pouvoir cicatrisant[12], le second, loin d'en rabattre, parlera de «cure de stérilisation interne et externe[13]» et mettra l'accent sur des qualités qu'on pourrait considérer comme d'époque: accumulation d'énergie (c'était déjà la thématique de *Vogue*, à la fin des années 1920, avant la crise de 1929[14]),

9. *Marie-Claire*, 5 août 1938.
10. *Elle,* 24 juin 1947.
11. *Marie-Claire*, 6 août 1937.
12. *Marie-Claire*, 5 août 1938.
13. *Elle*, 24 juin 1947.
14. *Vogue*, juillet 1928.

activation de la circulation sanguine[15] et, même, nourrissant – à moins qu'il ne faille dire : anorexigène[16] ? À la fin des années 1940, le vulgarisateur Paul de La Magdeleine, à l'affût des modes incongrues qui, à ses yeux, déparent la femme moderne, est obligé de rendre les armes et de constater que, aux dernières nouvelles, « l'héliothérapie rentre en grâce auprès du corps médical, qui ne tarit plus d'éloges sur ses bienfaits[17] », et de citer, entre autres, la stimulation de la circulation, l'enrichissement du sang et les effets antirachitiques.

Sans doute les mêmes périodiques ne manquent-ils pas de signaler aussi les dangers d'une exposition trop longue sur l'appareil respiratoire ou sur les reins (dans *Marie-Claire* des 6 août 1937 et 5 août 1938 : nous sommes au cœur de la saison d'été). Avant-guerre, on incrimine même le soleil pour des défauts qu'il n'a plus dix ans plus tard (il aggrave les problèmes de circulation le 5 août 1938, il les résout le 29 juin 1948). Mais il s'agit toujours, dans cette littérature, de dénoncer un mésusage, non de récuser un principe. La théorie héliothérapique pourra bien, un jour, avoir fait son temps : elle aura joué son rôle décisif – au sens où elle entraîne la conviction et la décision – dans l'acclimatation de la nouvelle culture solaire.

---

15. *Elle*, 29 juin 1948.

16. *Elle*, 25 juin 1946, 24 juin 1947.

17. Paul de La Magdeleine, *Les Dangers de quelques modes actuelles (...)*, Nice, chez l'auteur, 1949, p. 39.

5

Modeler

Le commerce vend de la santé, la médecine vend de la morale : rien d'étonnant à ce qu'il y ait aussi une lecture politique du bronzage. Encore faut-il s'entendre sur le terme de « politique », le prendre dans son sens le plus fondamental, qui nous parle du lieu du pouvoir, de ses valeurs et de son extension. Traduisons, sur le terrain des pratiques sociales, qu'elle nous parlera de la manière de voir dans le corps bronzé une métonymie du corps social, en même temps qu'un phantasme d'accomplissement personnel, le tout réuni sous l'égide des mêmes valeurs : force, énergie, endurance.

Connotations

« Au bronzage des genoux qui cesse net on voit que ça n'a jamais mis de pantalon » : c'est ici la première occurrence du substantif utilisé en métaphore, telle que repérée par le *Trésor de la langue française* (*TLF*). L'auteur n'est pas neutre, puisqu'il s'agit d'Henri de Montherlant, ni l'œuvre non plus, puisqu'il s'agit de la seconde de ses deux *Olympiques,* texte composite, mélangeant essai, dialogue philosophique et poésie. C'est précisément ici un passage d'un poème, intitulé « Foot scolaire ou Pas de passe à un homme marqué ». *Les Olympiques* ont été publiées en 1924, pour les Jeux olympiques tenus à Paris[1] ; elles sont souvent considérées comme l'un des tout premiers textes français à statut littéraire, sinon même le premier, ayant pour objet le sport. Outre la tonalité homo-érotique latente du texte et de son auteur, il est clair qu'on a ici affaire à une littérature entièrement surplombée par 14-18 : « Les gens qui ont fait cinq ans de guerre en sont revenus épuisés. Mais ceux de mon âge, qui n'en ont fait que la fin, et cependant étaient plus jeunes, en ont connu le climat de la marche en avant, en ont rapporté une certaine inquiétude musculaire que cette vie a éveillée et n'a pas satisfaite[2]. »

L'« inquiétude musculaire » est à prendre ici comme image d'une inquiétude plus large encore, touchant aux capacités viriles de la nation, du sexe masculin, voire de l'espèce. Au-delà du cas de ce texte circonscrit, qui annonce la poursuite de la méditation pleine de hauteur d'une personnalité qui, une dizaine d'années plus tard, se définira comme « solaire » et en déduira, pour un temps, tout son système politique[3], la Grande Guerre apparaît bien comme ce ventre fécond d'où sortent, outre les deux plus grandes révolutions politiques du siècle (la bolche-

1. Henri de Montherlant, *Les Olympiques*, Paris, Gallimard, 1924.

2. *Ibid.*

3. La thématique est présente dans la préface qu'il donne à la réédition 1938 de ses *Olympiques* ; elle structure son *Équinoxe de novembre* de 1939 et son *Solstice de juin* de 1941.

vique, puis la fasciste), une kyrielle de révolutions ponctuelles, remettant toutes en cause le monde ancien. Celles qui touchèrent au corps de la femme ne sont pas aussi négligeables qu'une certaine conception masculine, puritaine et intellectualiste de l'histoire – donc de l'homme et de la société – l'a dit. D'autant plus qu'au total elles se sont révélées plus durables et plus universelles que celles signées Lénine ou Mussolini.

On n'entrera pas ici dans une discussion sur la « culture de guerre », la pertinence de la notion, son extension et les conséquences qu'on doit tirer des réponses données à ces questions. On se contentera de noter ici que si culture de guerre il y a, elle est loin de se limiter aux périodes ainsi définies et même aux années qui les suivent, qu'elle intègre pour le moins toute une dimension des temps supposés de paix, que le statut de la contrainte et/ou de la violence faites aux corps, qu'elles soient institutionnalisées, socialisées ou hors-la-loi, a sans doute atteint un de ses acmés en ce début de XXe siècle et que l'histoire de l'entre-deux-guerres, la bien nommée, en a été lourdement formée, informée, conformée. Les grands choix totalitaires, de gauche comme de droite, l'apogée atteint par les modes d'encadrement des corps jeunes (« mouvements de jeunesse ») et jusqu'aux choix plastiques et architecturaux de ce que l'on a ailleurs proposé d'appeler le « style entre-deux-guerres[4] » : autant d'effets de traîne de cette culture-là.

---

4. Pascal Ory, *Le Palais de Chaillot*, Paris, Actes Sud/Aristeas, 2006.

C'est là qu'il faut revenir sur l'émergence du mot lui-même dans les langues romanes. Si, en effet, la langue anglaise met en avant la référence au tannage des peaux (*tan, suntan, tanning*) ou la langue allemande le brunissement (*sonnenbraüne*), la française, l'italienne, l'espagnole ou la portugaise ont, sans doute, on l'a vu, par le biais du sport pratiqué par des jeunes (Armand-Delville, Montherlant), adopté la métaphore à la fois artistique et métallurgique : *bronzage*, *abronzatura*, *bronceado, bronzeado.* Mais, du même coup, c'était placer d'emblée le phénomène dans une généalogie lestée de significations lourdes d'un sens autre qu'esthétique. Ici ce n'est pas le substantif mais le verbe qui sert d'indice à la connotation. Quand, à l'orée du XXe siècle, un personnage de Feydeau s'exclame : « Oh ! Moi, tu sais !… Je suis bronzé[5] ! », aucun spectateur ne se méprend sur le sens de la phrase. Le bronze est assimilé par le sens commun à l'inattaquable, à l'imputrescible, à l'immarscecible des matériaux les plus solides, et aussi associé à une seconde notion qui en fait toute la valeur, en en éloignant celles de froideur, de roideur, de raideur : sa plasticité originelle, qui permet de forger avec lui des effigies d'apparence humaine. Le bronze entre alors dans l'univers mental de ceux qui rêvent d'un homme idéal souverainement insensible à l'émotion, étranger à l'alanguissement, au laisser-aller physique et (donc) moral.

5. Georges Feydeau, *La Dame de chez Maxim* (1899), acte I, scène 5.

Ce dénigrement du faible, de l'affaibli, de l'amolli, souvent associé à l'efféminé, au voluptueux et au décadent, est vieux comme les morales autoritaires, donc vieux comme le monde, ainsi qu'en témoigne la survivance jusqu'à nos jours des fables ou des anecdotes de Sodome et Gomorrhe chez les Hébreux, de Sybaris chez les Grecs, de Capoue chez les Romains. Au moment où le bronzage va prendre toute autre allure, il n'est pas innocent que la métaphore soit présente dans divers discours de « leaders » préoccupés de « redressement », de « régénération », d'« énergie ». Du baron Ernest Seillière à Gabriel Hanotaux, la période de la guerre 14-18 et de l'immédiat après-guerre bruisse de discours énergistes et virilistes, appelant au « rebronzage » de la jeunesse et, par delà, de la société, en écho plus ou moins explicite à Pierre de Coubertin se donnant pour mission, à ses débuts : « Je rebronzerai une jeunesse veule et confinée, son corps et son caractère par le sport, ses risques et même ses excès[6]. »

Mais c'est sous la plume du principal propagandiste français de la médecine naturiste, Paul Carton, que l'on trouve les phrases les plus nettes. « L'amour de la terre, du grand air, du plein soleil » n'épuise pas la liste des valeurs qui devront « être prêchées à tous les enfants », comme en témoigne la suite de la phrase, qui cite aussi l'amour « de l'exercice naturel, de la vie laborieuse, l'esprit du devoir, le respect des hiérarchies intellectuelle et morale, la

6. *In* : manuscrits inédits ; cité par Marie-Thérèse Eyquem, *Pierre de Coubertin, l'épopée olympique*, Paris, Calmann-Lévy, 1966, p. 58.

croyance religieuse dans un avenir de progrès indéfini » ; en un mot comme en cent : « Au lieu de songer à des mesures législatives ou médicales qui s'imposeraient de l'extérieur aux individus, sans modifier en rien leurs pensées et leurs actions, il importe donc de réformer d'une façon urgente l'éducation physique, intellectuelle et morale des enfants qui représentent l'avenir de la race[7]. » On ne se méprendra pas sur ce dernier terme qui, sous la plume de la plupart des médecins, pédagogues et hommes politiques de l'époque, est synonyme de santé physique de la communauté, mais on en retiendra quand même l'ambiguïté, surtout dès lors qu'une telle « œuvre de réforme » a pour base la « nécessité du retour à la terre » et se situe dans un chapitre qui a pour titre « refaire une race saine et forte ».

Civilisation du nu

Bien entendu, toutes les nations européennes arpègent sur ce thème, chacune dans son style. Le style allemand, une fois de plus, siège au centre du dispositif, sous le plus simple appareil. Contrairement à ce que pourrait laisser croire le regard incompréhensif porté par la plupart des observateurs extérieurs de l'époque – et, en grande partie, des époques suivantes – sur le phénomène, qui atteint dans l'entre-deux-guerres son moment de vraie visibilité

7. Paul Carton, *La Cure de soleil et d'exercices chez les enfants*, Paris, A. Maloine, 1re édition 1917, 103 p. ; 3e éd. révisée et augmentée, 1935, p. 5.

sociale et, en particulier, internationale, le nudisme, tel qu'il est conçu par ses initiateurs, n'est guère rabattable sur l'hédonisme, encore moins sur l'érotisme. L'histoire du mouvement est aujourd'hui bien connue[8]. Il est, en effet, d'origine allemande, où il naît dans le fécond terreau naturiste. Son théoricien le plus en vue est Heinrich Pudor, qui commence à faire parler de lui en 1893 (*Nackende Menschen, Jauchzen der Zukunft*), mais dont la bible, qui appelle à fonder une *Nackt-Kultur*, une « civilisation du nu », paraît en 1906. À cette date, le mouvement a déjà pris son essor et il a commencé à essaimer hors des limites de la culture germanique, même si celle-ci, élargie aux terres nordiques (Pays-Bas, Scandinavie), va continuer à dominer une géopolitique nudiste dans laquelle les pays latins sont à la traîne, tout comme les États-Unis, où les ligues puritaines dresseront une barrière à peu près infranchissable jusqu'aux années 1930.

Le prix de cette dissémination est payé par une diversification idéologique qui entraîne l'apparition de programmes nudistes affichant des valeurs opposées, depuis l'aristocratisme de la Nudo-Natio de 1907 jusqu'au libertarisme de la colonie française de Vaux (1903-1907) ou, surtout, de la grande expérience de Monte Verità (Ascona, canton du Tessin), en passant par le racisme aryen de Richard Ungewitter. Dans le détail aussi, les programmes varient à l'infini, depuis les

8. Arnaud Baubérot, *Histoire du naturisme : le mythe du retour à la nature*, *op. cit.*

adeptes du nudisme intégral jusqu'aux modérés, surtout soucieux d'héliothérapie, depuis ceux qui ne conçoivent pas le nudisme sans le respect strict de toutes les abstinences (tabac, alcool, viande, sexe) jusqu'à ceux qui, sur tout ou partie de ces points, respectent la liberté individuelle de leurs membres. La vraie question est cependant de savoir si l'expérience nudiste est conçue comme un ressourcement exceptionnel – ce qui est le cas le plus fréquent – ou si elle participe d'un projet politique, fondant une communauté permanente, comme dans le cas de Monte Verità.

En France, la propagande nudiste prend son essor après la Première Guerre mondiale, à travers l'action d'un professeur d'éducation physique, Marcel Kienné de Mongeot, et d'un médecin, disciple de Carton et des Durville, Marcel Viard, de la ligue Vivre et de plusieurs périodiques et publications. Le début des années 1930, moment d'émergence du bronzage, est précisément la période où la pratique, encore confinée à des cercles restreints et discrets, sort de son confinement grâce à divers reportages de journalistes pratiquants (Roger Salardenne[9]) ou, à tout le moins, sympathisants (Louis-Charles Royer[10]). Ce dernier auteur, polygraphe dont les enquêtes aux titres accrocheurs (*L'Amour chez les Soviets*, *L'Amour à Honolulu*) ont souvent été accueillies

9. Trois livres publiés en 1929, 1930 et 1931 aux Éditions Prima : *Le Culte de la nudité, Un mois chez les nudistes*, *Le Nu intégral*.

10. Louis-Charles Royer, *Au pays des hommes nus*, Paris, Éditions de France, 1929 ; 2e éd. préfacée par le docteur Pierre Vachet, 1933.

dans les colonnes de l'hebdomadaire populaire de droite *Gringoire*, orne, par exemple, la seconde édition (1933) de son livre à succès *Au pays des hommes nus*, reportage dans un centre nudiste allemand, d'une préface du docteur Pierre Vachet, « professeur à l'École de psychologie » qui n'est qu'un long éloge de la pratique et, dans la foulée, du bronzage. « Le nudisme n'est pas malsain. Au contraire, il est la santé même », postule le docteur, pour qui « il serait le meilleur moyen de rendre simple et aisée l'éducation sexuelle des jeunes, tout en leur évitant ces curiosités, ces fièvres de l'imagination, cette incertitude devant le mystère entretenu, qui sont à l'origine de toute perversion ». Quant au soleil, il a toutes les qualités : « Les bienfaits du soleil sur le corps humain sont inappréciables. La peau est le siège des réactions multiples qui entretiennent notre équilibre vital, [...] la lumière a sur l'être humain un effet tonique général : par les bains de soleil, les forces augmentent, le sommeil, le poids se régularisent », etc. « Tuberculeux, blessés, rhumatisants, gazés » en savent quelque chose. À quoi « il faut ajouter, à ces considérations d'ordre physique, que l'effet esthétique de la lumière sur le corps humain est aussi sensible » et, pour couronner le tout, que « l'action morale n'est pas moins grande[11] ». La lecture du livre de Royer confirme cette perspective, notant, par exemple, qu'en l'adoptant les jeunes filles « perdent une grande part de leurs mièvres coquetteries, de leurs puériles passions de

11. *Ibid.*, p. V-VI, XI, XX de l'édition 1933.

fille à fille », en un mot que « la gymnastique, le sport, le travail physique, surtout lorsqu'ils sont pratiqués au grand air et le corps nu, sont d'excellents régulateurs de l'impulsion sexuelle, parce que la discipline qu'ils imposent aux mouvements empêche le développement des émotions vives ». Assurément, il entre dans ces proclamations vertueuses une part de tactique, destinée à amadouer les censeurs ; on ne peut nier, cependant, que le projet nudiste, par sa radicalité, est bien un projet utopique, dont le premier lieu d'expérimentation est le propre corps de l'expérimentateur.

Vers un métissage ?

Mais il ne s'agit pas seulement de s'exposer. Il s'agit aussi d'en arborer les effets. Et c'est là qu'il faut faire intervenir un autre paramètre politique, même si sa signification reste douteuse. Le brunissement du teint ne renvoie pas seulement à des figures de l'élite occidentale nouvelle ou renouvelée, qu'il s'agisse de sportifs disciples de Coubertin, de scouts disciples de Baden-Powell, d'anarchistes façon Monte Verità. Il renvoie aussi à une autre réalité, dont cette époque a sans doute représenté l'apogée et que le seul qualificatif d'exotisme ne saurait épuiser, dès lors qu'il s'agit surtout de transformer la planète Terre, cadastrée par l'expansion occidentale, en « plus grand terrain de jeu du monde ».

Plusieurs observateurs, souvent réticents voire franchement hostiles au bronzage, perçoivent nettement cette part de l'enjeu. « Nos baigneuses d'aujourd'hui qui tiennent absolument à ressembler à Joséphine Baker s'adressent aux techniciens du métissage pour se bronzer la peau», pose Paul de La Magdeleine[12]; «intrépides petites moricaudes», lance un autre[13]. L'oracle Alexis Carrel, prix Nobel, ne déclare-t-il pas en 1935, dans son best-seller *L'Homme, cet inconnu*: «Nous ne savons pas exactement quel est l'effet de l'exposition au soleil de la surface de notre corps. Jusqu'au moment où cet effet sera connu, le nudisme et le brunissement exagéré de la peau par la lumière naturelle ou les rayons ultraviolets ne devront pas être acceptés aveuglément par les races blanches[14].» Un tel vocabulaire permet de mesurer le trouble occasionné chez certains par cette perte des repères pigmentaires que génère le bronzage du corps «blanc». Mais il importe plus encore de repérer l'art et la manière par lesquels certains autres acteurs sociaux, qui ont choisi d'accompagner le mouvement plutôt que de s'y opposer, récupèrent cette signification à leur profit.

Cette récupération peut avoir une motivation essentiellement commerciale. C'est celle, par exemple, des instituts de beauté qui nous livrent cependant, au passage, quelques aveux intéressants. Ainsi le plus ancien de tous, celui qui a lancé la formule, l'«Institut de beauté Klytia», installé place Vendôme, joue depuis ses origines, en 1895,

12. Paul de La Magdeleine, *Les Dangers de quelques modes actuelles, op. cit.*

13. *Vogue*, juillet 1922.

14. Page 78 de l'édition originale de 1935 de cet ouvrage, très souvent réédité.

sa carte sur le terrain de ces élites internationales qui ont fait de Paris le centre du monde « élégant ». Il propose, dans un catalogue datable de 1929 au plus tard[15], deux produits qui, dans une gamme glosant massivement, on l'a vu, sur la blancheur du teint, ouvrent une fenêtre sur un autre type de carnation, du coup légitimée, même si c'est, à l'évidence, à la marge, le « glacis cipaye » et le « rosée cipaye ». Le premier est vendu comme un « émail de beauté, très onctueux » qui « convient à tous les épidermes par ses coloris originaux, donne au teint la carnation de nos élégantes sud-américaines » ; le second donne, lui, « à s'y méprendre la carnation des élégantes des pays chauds ». On ne sait si un tel discours est destiné principalement à des « blanches » excentriques, à des Occidentales à la peau définitivement trop mate ou, plutôt, aux élégantes en question, dont certaines figurent dans la clientèle internationale de l'institut Klytia – encore présent de nos jours en Amérique latine. Toujours est-il qu'il permet de repérer un espace de référence alternatif, où le mat sera admis. Le nom deux fois choisi (« Cipaye ») rejoint celui d'un traitement proposé par « madame Éléanor Adair, la célèbre hygiéniste » dans les colonnes de *Vogue* : « Brahmapoutra ». Bien que, lui, soit encore destiné, classiquement, à lutter contre le hâle, on a ici une ligne de référence qui, en matière de carnation colorée dans l'univers des élites, renvoie clairement à l'Empire des Indes. Jean Patou s'entourait encore du

15. Archives familiales de *Marie-Claire*, 7 juillet 1939.

maximum de précautions symboliques en plaçant son nouveau produit sous l'égide de la Chaldée, autrement dit de la plus haute Antiquité, surclassant en ancienneté la Renaissance, Rome ou la Grèce. Quand la grande référence du milieu, Helena Rubinstein, condescendra à faire une première concession à la tendance nouvelle, elle placera, on l'a vu, son produit sous une égide plus excentrique mais, du coup, tolérée : la crème bronzante de l'Institut reprend le nom fétiche de la marque, Valaze, pour lui ajouter l'épithète de « Gypsy » (gitan). Mais il est intéressant de voir que lorsque l'entreprenante société qui, depuis 1933, commercialise le « Tho-Radia », à base de thorium et de radium, éléments supposés miracle[16], lance une poudre fonçante, elle la dénomme « Tho-Radia Tahiti », témoignage de l'émergence progressive d'un mythe polynésien appelé à un bel avenir.

Quand le *Larousse du XXe siècle*, dictionnaire de référence français de l'entre-deux-guerres, accepte, en 1928, le verbe « bronzer » (il ignore le « bronzage »), c'est pour lui donner comme exemple grammatical : « Le soleil d'Afrique bronze la peau. » Du coup, la signification commence à devenir ambiguë. Nous sommes à l'apogée de la colonisation occidentale. Jamais les empires coloniaux n'ont été aussi étendus. L'Italie mussolinienne intègre la Libye et la Corne de l'Afrique à son *imperium*.

16. Sur l'histoire de l'entreprise, voir article de Thierry Lefebvre et Cécile Raynal, « De l'institut Pasteur à Radio Luxembourg. L'histoire étonnante du Tho-Radia », *Revue d'histoire de la pharmacie*, 335, 3e trimestre 2002, p. 461-480.

En France, l'Exposition coloniale internationale de 1931 marque le moment où l'opinion publique paraît le plus près de communier dans le culte de l'outre-mer. En même temps, il ne s'agit pas de se méprendre sur le regard porté sur la société coloniale. Le succès de la « Revue nègre », en 1925, n'a pas fondamentalement modifié la hiérarchie des statuts corporels. Le corps du colonisé, qui est renvoyé à la gamme des teints éloignés de la stricte blancheur et s'étage du mat au noir en passant par le jaune, n'est pas devenu, par sympathie, un corps symbole de beauté, sauf pour quelques dandys au reste ambigus (Paul Morand est, à la fin des années 1920, parmi les plus éloquents sur le sujet). Au mieux, on lui concédera désormais la force, à mettre au service de la mère-patrie[17]. La nouveauté concerne, en revanche, le colon. Celui-ci est l'un de ces *hommes nouveaux* qui édifient le monde de demain – c'est en 1936, le titre d'un film français racontant la saga des bâtisseurs de Casablanca. Qu'il soit non seulement hâlé par son activité sur le terrain – le « légionnaire » de la fameuse chanson (de 1936…), qui « sentait bon le sable chaud », est fatalement cuivré – mais, dans tous les sens du mot, bronzé, voilà qui va de soi. On touche là à une équivoque du bronzage : en se rendant plus coloré au gré de sa volonté, le Blanc des premiers temps du bronzage signe sans doute moins un rapprochement avec les autres « races » qu'il ne leur manifeste à l'œil nu une suffisante maîtrise corporelle pour jouer

17. C'est le thème de l'ouvrage remarqué du général Mangin, *La Force noire*, publié en 1910.

avec sa pigmentation – capacité dont, à l'inverse, le Noir ou le Jaune seraient privés. Demeure que cet entre-deux pigmentaire trivialise l'aventure, ce grand mythe du XIXe siècle qui nourrit encore une bonne partie de l'imaginaire social des Européens, à la veille du moment où va s'amorcer leur déclin[18].

---

18. Voir l'ouvrage de Sylvain Venayre, *La Gloire de l'aventure. Genèse d'une mystique moderne, 1850-1940*, Paris, Aubier, 2002.

6

Jouir

Tout déterministe qu'il puisse être, l'historien doit bien reconnaître que si des facteurs déterminants sont repérables – sans lesquels, sans aller plus loin, tout récit historique qui ne se limiterait pas à un travail d'annaliste serait impossible –, leurs effets demeurent imprévisibles. Posons cette hypothèse attristante comme pierre de touche : l'agent de l'histoire – appelons le être humain, faute de mieux – n'a peut-être, pris comme individu, aucune liberté probable, puisqu'il est la résultante des valeurs, institutions et pratiques des divers milieux dont il « fait partie » ; pris en groupe, en revanche, il manifeste au regard de l'observateur (lui-même individu déterminé par ses milieux, au même titre que celui qui, en ce moment, lit ces lignes) une grande imagination créatrice. La conjoncture violente de la Première Guerre mondiale aura pu, ainsi, cristalliser et rigidifier les postures, les formules, les institutions d'autorité, de communauté, de radicalisme ; elle a, tout aussi clairement, accéléré diverses tendances qui, par delà la diversité de leurs racines et l'ambiguïté de leur signification, ont toutes eu le même effet. Et cet effet a un nom : hédonisme, si l'on accepte de qualifier ainsi ce mouvement dont le moteur principal apparaîtra comme le plaisir des sens, vécu dans l'immanence, pour ne pas aller jusqu'à parler, innocemment, d'innocence.

Civilisation des loisirs[1]

Encore faut-il s'entendre sur cette accélération. Il serait sans doute simpliste de ne voir dans l'après-guerre de 14-18 qu'un temps de «réaction» après la tension corporelle qui le précède, même s'il n'y a aucune raison théorique solide à refuser au corps social des modes de fonctionnement de cet ordre, au motif qu'on utilise pour les décrire un vocabulaire analogique, empruntant à la physiologie, voire à la mécanique, comme à la psychologie (tension/détente). Il suffit à l'historien du culturel qu'une partie notable des contemporains ait vécu cet après-guerre comme compensation hédoniste pour que le processus de conformisation des pratiques aux valeurs devienne une hypothèse solide. Mais l'exemple de la libération du corps féminin des contraintes sociales qui pesaient sur lui est précisément là pour montrer que le diagnostic «hédonisme d'après-guerre» est d'autant plus pertinent qu'il n'exclut aucunement la reprise d'une tendance d'avant-guerre. Il en serait alors de la question qui nous occupe comme de tant d'autres où l'examen de l'immédiat avant-guerre (voir l'enquête collective sur

1. On attend l'achèvement de la thèse de Christophe Granger sur «Les plaisirs de l'été», qui couvrira la période 1900-1975.

L'Année 1913, publiée en 1971) étaye la thèse que la plupart des grandes ruptures culturelles du XXe siècle ont produit leurs premières manifestations juste avant 1914, même si la profondeur du bouleversement guerrier donne ensuite sa couleur, son ton, son style à la modernité vingtiémiste.

Avant d'en venir à la question centrale du nouveau mode d'exposition des corps et, pour commencer, du corps féminin, il importe ainsi de situer ce processus par rapport à deux histoires, qui sont deux cultures : l'histoire de l'entrée des sociétés occidentales dans l'ère de la « conquête des loisirs » et celle de la sortie des mêmes sociétés de l'ère de l'« aventure exotique », deux histoires sans doute associées si l'on va jusqu'à lire la première comme, entre autres significations, substitut de la seconde. Toutes les sociétés, sans exception, ont leurs formes de loisirs. Encore faut-il déterminer par rapport à quelle instance ils se définissent. Sans remonter plus haut, posons que les sociétés occidentales modernes telles que les saisit la Grande Guerre sont, à des degrés variables, déjà engagées dans un double processus conduisant à l'aménagement d'un espace, de visibilité sociale croissante, dévolu d'une part à une liberté par « vacance », de l'autre à une exaltation de l'exercice supposé libre du corps.

Que l'on parle en effet de « vacances », concept qui en français renvoie à l'institutionnel (vacances judiciaires, vacances universitaires), ou de « congés », concept qui en français renvoie au non-travail (donner congé à un ouvrier, à un employé), l'action conjuguée du mouvement ouvrier et du paternalisme d'État – les premiers bénéficiaires des congés payés sont souvent les fonctionnaires, en échange de leur soumission au pouvoir central –, conduit à l'ouverture de nouveaux espaces de loisirs, déterminés désormais non par les institutions religieuses mais par les institutions laïques et connotés d'une autorisation de « dépense ». Ce sont là deux changements à effets clairement *hédonigènes*, si l'on veut bien m'autoriser le néologisme. Ajoutons à cet espace celui que pose désormais une énorme institution, gérant tendanciellement la totalité d'une classe d'âge, l'institution scolaire. Car la fin du XIXe siècle est le temps de la plus grande « révolution culturelle » des temps modernes : le passage à l'obligation scolaire, qui entraîne *ipso facto* la généralisation à tous les êtres humains en âge scolaire de la pratique du congé tout aussi obligatoire. Assurément, la source est ambiguë : si, par exemple, en France, à la veille de la Première Guerre mondiale, les congés scolaires d'été s'étendent rien moins que de la mi-juillet au 1er octobre, c'est aussi pour permettre aux enfants d'agriculteurs de joindre pendant l'été leur force de travail à celle des adultes mobilisés par les travaux des champs et des vignes. Il n'en reste pas moins que, petit à petit et d'âge en âge, l'espace-temps du loisir légitime progresse et qu'il ne va pas se retrouver occupé exclusivement par ces diverses formes de travail gratuit qui s'appellent ici jardinage, là bricolage, de plus en plus déconnectés de l'entretien domestique rural, puisque la société des congés payés est une société urbaine. L'organe va créer la fonction.

Du côté des élites, qui savent depuis toujours ce que « classe de loisirs » veut dire, la nouveauté est dans la place croissante occupée par l'activité sportive. Cette codification anglaise (et/donc puritaine) de la dépense physique est, pour l'essentiel, une pratique distinctive de certains hommes, plus tard de certaines femmes, des élites sociales. Dire, comme le postule George L. Mosse[2], qu'il s'agit là d'une substitution de l'ethos des classes moyennes, actives, à celui du rentier est insuffisant : la diffusion de l'ethos sportif est aussi vécue par beaucoup de ses initiateurs, à commencer par Pierre de Coubertin, comme celui de la noblesse traditionnelle, transmuée en aristocratie moderne, sélectionnée suivant de nouveaux critères mais communiant dans les valeurs de l'ancienne. Quant à la féminisation du sport, encore marginale au début de l'entre-deux-guerres et souvent décriée[3], elle est à peu près contemporaine de sa diffusion comme partie intégrante des loisirs chics. *Vogue* en situe l'essor un peu avant la guerre quand, en juillet 1928, s'adressant au milieu privilégié de ses lectrices, il parle de « notre manière de vivre depuis une vingtaine d'années ». Aux Jeux olympiques de Stockholm, en 1912, la championne de natation Anne Kellerman fait scandale – et impose une tenue sportive féminine – en arborant un maillot analogue à celui des nageurs.

Tous les sports n'exposent pas leurs pratiquants au hâle (l'escrime, par exemple), mais l'alpinisme, le cano-

2. George L. Mosse, *L'Image de l'homme : l'invention de la virilité moderne*, tr. fr. Michèle Hechter, Paris, Éd. Abbeville, 1997.

3. Voir, par exemple, les nombreuses considérations des *Olympiques* sur ce sujet.

tage, le golf, la bicyclette et, plus encore, la natation, le tennis, l'athlétisme et les sports d'équipe en extérieur, oui. La tentation est grande de se dénuder un peu plus le visage et les mains au motif de la libération des « mouvements ». Ajoutons que l'entre-deux-guerres va être le temps de la diffusion en Occident des sports d'hiver. Traduisons que, pour les élites, une nouvelle manière de se distinguer sera d'ajouter, plus souvent que de substituer, la montagne à la campagne et à la mer. L'effet bronzant de la montagne fonctionne alors comme le corollaire hédoniste du bain de soleil façon Rollier. Réelle ou supposée, toujours valorisante pour l'ethos de la femme comme de l'homme modernes, la pratique sportive justifie le teint hâlé, à la fois comme effet et comme preuve. La publicité des premiers produits solaires associera souvent leur usage à la pratique sportive : c'est le cas notamment de la crème Onctelio, « indispensable à la pratique de tous les sports de plein air[4] ».

Le processus d'exposition solaire publique va basculer de l'inévitable de l'exposition sportive au voulu de l'exposition balnéaire, au travers d'une convergence entre le loisir de bords de mer et la villégiature d'été, jusque-là identifiée à la résidence campagnarde. Citons ici les mémoires, publiées en 1980, d'une bourgeoise française, Constance Coline, née en 1898, apparentée à une famille de la bourgeoisie artiste, celle de l'architecte Henri Nénot : « Aller passer l'été dans le Midi, en 1910, était considéré comme une excentricité dangereuse qui faisait

4. *Marie-Claire*, 24 juin 1938.

pousser des cris d'horreur à tous les gens d'expérience. On arguait de la chaleur, de la poussière [...]. En attendant, la famille Nénot menait à Cap-Myrtes une existence très voisine de celle que nous menons actuellement sur les mêmes rivages. Le faux-col, la cravate et les souliers étaient bannis dès l'arrivée [...]. Les femmes remisaient parfois leurs bas et leurs corsets dans les tiroirs et laissaient enfin respirer leur peau et se détendre leur ventre. [...] Cependant on n'aurait jamais eu l'idée de se baigner autrement qu'en costume de bain très montant, agrémenté d'une jupe[5].» À la fin des années 1920, *Vogue*, s'adressant toujours, par empathie sociale, à ses lectrices privilégiées, n'hésite plus à titrer un article-constat: «Nous vivons de plus en plus sur la plage[6].»

Le lien entre le bain de mer et le bain de soleil, sous l'argument du «séchage» au soleil, est repérable dès les dernières années 1910, si l'on doit en croire *Vogue* qui, en juillet 1921, parle comme d'une pratique (heureusement) révolue celle de quelques excentriques qui osaient «sortir du bain de mer après les plus savants plongeons, sans peignoir, et s'étendre ainsi sur le sable pour le bain de soleil jusqu'à ce que leur peau devienne presque comme du cuir». Quinze ans plus tard, le traditionaliste *Petit Écho de la mode* signale encore comme une particularité le comportement par lequel «depuis quelques années, au

5. Constance Coline, *Le Matin vu du soir. De la Belle Époque aux années folles*, Paris, Anthropos, 1980, pp. 150-151.

6. *Vogue*, juillet 1927.

sortir de l'eau, les nageurs s'étendent sur la plage et sèchent au soleil[7] ».

Émancipation

L'essentiel demeure : après tout, même si le médecin, le pédagogue ou le militant avaient convaincu les élites occidentales de la nécessité de se former, de se forger par le plein air voire de se soigner par le plein soleil, il n'en ressortait pas fatalement qu'elles se dénudassent systématiquement et, surtout, autant et aussi vite qu'elles le firent en une vingtaine d'années, les années qui séparent l'Huile de Chaldée de Jean Patou (1927) du bikini de Louis Réard (1946). Il n'en ressortait surtout pas que, des deux sexes, celui qui irait le plus loin et le plus vite dans cette voie fût le sexe féminin, autrement dit des deux celui qui, à la veille de 1914, était le plus recouvert, le plus protégé, le plus « pudique ».

La chronologie, même simplifiée, de l'évolution de l'habillement féminin permet déjà de préciser les termes de la question. Si l'on considère, en adoptant la vision obsidionale du puritanisme, le corps féminin comme une citadelle toujours menacée, voire perpétuellement assiégée – vision où certains pourront repérer l'expression perverse d'une libido chargée : le puritain « ne pense qu'à ça » –, les vingt années qui précèdent la percée des années 1930 et la reddition de l'après-guerre sont celles où ont été remportées les premières victoires, conditions

7. *Petit Écho de la mode*, 12 juillet 1936.

sine qua non des suivantes. Elles ont porté sur deux terrains n'ayant en apparence rien à voir avec le bronzage ni même avec le dénudement : l'abandon du corset et la coupe des cheveux. Sous réserve de la poursuite de l'enquête, par une série de monographies érudites – pour ne citer que cet exemple, l'histoire érudite de la coiffure est un terrain aujourd'hui encore à peu près inexploré –, on peut dire que le processus a combiné deux démarches, aux effets convergents. La première, difficile à documenter avec certitude au-delà de quelques légendes *a posteriori*, a été celle d'individualités non conformistes qui, soit dans l'espace-temps privé de la villégiature, soit même au gré d'une existence aventureuse, avaient décidé de franchir le pas. La seconde, plus facilement repérable, est celle où des personnalités en vue du secteur considéré, payent d'audace et, au fond, affirment ou confirment leur position de leader moderniste en transformant l'interdit en modernité. C'est tout le sens des coups d'éclat parisiens du couturier Paul Poiret, en 1908, pour le corset, et du coiffeur Antoine en 1919, pour la nouvelle coupe.

La signification profonde de ces deux initiatives est multiple. La renonciation au corset pose la souplesse comme une valeur supérieure au « maintien ». Certes on n'en est pas encore à assimiler l'enveloppement lui-même à une contrainte puisque le corset est récusé pour sa rigidité non pour sa couverture et que la gaine va le remplacer. Mais il n'y a que le premier pas qui coûte. Plus au fond encore, on peut estimer que c'est bien de cela qu'il s'agissait aussi : cet assouplissement signifiait aussi, pour les différents camps en présence – car il s'agit bien de stratégie et de polémologie –, un pas décisif dans le sens de la maîtrise féminine du plaisir érotique. En l'assimilant à une statue ou à un mannequin, le corset faisait du corps féminin de l'élite, celui qui servait de référence au reste de la société, un objet du désir masculin largement privé de mouvement propre. Peu importe, à ce stade, que, dans la diversité des situations physiques «réelles», le corps féminin, délacé, eût pu retrouver une large liberté de mouvement: ce qui compte ici, c'est le sens général d'une dépendance à autrui (la domesticité, l'amant) dans une mise en scène fondée sur l'emmurement et la reddition, la résistance et l'«abandon». Rigidité, enveloppement, dépendance: concéder sur ces trois terrains engageait à terme le corps féminin sur la voie d'un renversement de l'initiative en sa faveur, rendait possible une justification théorique du dénudement.

Quant à la coupe des cheveux, elle allait plus loin sur un terrain différent. D'abord parce qu'elle touchait au visible extérieur, ensuite parce qu'elle touchait au visage, point jusque-là capital – c'est le mot – de l'affichage de la personnalité et, d'abord, de la personnalité féminine et, pour cela, objet de la plus grande partie des «soins de beauté» jusqu'à la guerre, il suffit de lire les ouvrages et les catalogues pour s'en convaincre. La violence symbolique de l'acte ne peut être niée d'aucune façon, les ruses et les scandales qui l'accompagnent en témoignent suffisamment. Se (faire) couper les cheveux rompait si évidemment avec des siècles de norme capillaire féminine qu'on ne pouvait pas ne pas y voir un geste de libération qui, du coup, donnait tout son sens émancipateur à l'abandon du corset, encore récent.

Si le sens est clair, l'explication l'est moins. La coupe des cheveux – entendons bien : sa légitimation, décisive, par la « mode » – est contemporaine de la guerre. Le lien avec le travail féminin à l'arrière a été précocement fait et cet élément ne doit pas être récusé, ne serait-ce que parce que, dans l'état d'esprit de la Victoire, c'était un argument légitime, qui rappelait la contribution de l'arrière à la tenue de l'avant, en un temps où l'avant est globalement assimilable au sexe masculin. Dès lors, cependant, que le statut des infirmières, brancardières et autres marraines de guerre confirmait plutôt leur situation de non-combattante qu'il ne l'infirmait, d'autres lignes d'explication peuvent être mobilisées, à commencer par celle qui rapproche le nouveau visage féminin de celui d'une combattante « virile », remplissant sa tâche au poste que la société lui a dévolu. En France, la société s'était familiarisé avec l'image de la guerrière Jeanne d'Arc depuis à peine une génération ; elle allait en saluer la canonisation en 1920[8].

Mais, comme toujours, les phénomènes sociaux majeurs tirent leur force de leur capacité à associer plusieurs plans de justification. À l'instar de l'ancien combattant qui pouvait, toute l'historiographie l'a démontré, rentrer du combat à la fois « patriote » et « pacifiste » – dès lors qu'on accepte les guillemets qui relativisent ce que ces notions ont de tranché et d'exclusif –, la femme moderne aux cheveux coupés qui, au fond, *revenait de l'arrière*, pouvait tout à la fois manifester par là son patriotisme en même temps que son désir de tirer

8. Voir les travaux de Gerd Krumeich sur le sujet.

toutes les conséquences de la conviction qu'il s'était agi de la « der des ders ». N'entrait-on pas dans une paix définitive, un monde nouveau organisé en société des nations ? La « provocation » des cheveux coupés était, au fond, plus radicale que celles de Dada. Elle fut aussi plus durable que celle de Lénine, parce qu'elle se situait dans une continuité qui était celle de la progressive émancipation féminine, complétée par une autre émancipation, moins avancée mais dont l'entre-deux-guerres vit quelques signes, celle de ceux qui, désormais, se retrouvaient associés sous le vocable médical d'« homosexuels[9] ». La signification unisexuelle de la nouvelle mode – cheveux courts, poitrine plate – n'échappa pas à certains observateurs et généra la figure de la « garçonne », accrochée en 1922 par Victor Margueritte à son roman à succès[10].

Une fois de plus, peu importe que le phénomène soit limité à une avant-garde : l'arrière a fini par suivre. Peu importe que ces postures aient été accueillies par la colère ou la dérision : elles se sont imposées. Peu importe, surtout, que leur usage culturel immédiat ait été ambigu, que, par exemple, tous ces signes aient été interprétés sur le coup par certains dans un cadre traditionnel – « femme émancipée = femme facile » et « homosexuel = dégénéré » : seules comptent, sur la distance, la conquête de visibilité, la conquête d'espace social, premier pas vers la

---

9. Florence Tamagne, *Histoire de l'homosexualité en Europe : Berlin, Londres, Paris 1919-1939,* Paris, Le Seuil, 2000.

10. Christine Bard, *Les Garçonnes. Modes et fantasmes des années folles*, Paris, Flammarion, 1998.

légitimité. Au vrai, les femmes des années 1920, par leurs sœurs d'avant-garde interposées, ont fait leur «*outing*».

La gloire de bronzer

Le mouvement de dénudement du corps féminin en est la pierre de touche. Avec une différence significative, qui nous ramène au bronzage. En ville, la tendance va osciller; sur la plage, elle va aller son chemin avec régularité, comme si la vérité des corps s'exprimait mieux dans le laisser-faire – qui n'est pas un laisser-aller – de cette oasis, de cette «trêve[11]» que dans le lieu et le lien du travail et de la relation sociale dominante. D'un côté, donc, on assiste, dans les années 1920, au rapide raccourcissement de certaines robes et jupes, suivi de rallongements divers: affaire de «mode», dans tous le sens du mot. De l'autre, on mesure, à la lecture des magazines et au visionnage des photographies ou des films d'actualité, le progressif et continu processus de dénudement. La disparition du voile et de la voilette est rapidement repérée: on peut se demander, là aussi, si la société ne les rejette pas avec d'autant plus de rapidité qu'il existe en son sein des femmes vouées – comme par une vocation religieuse laïcisée – à un deuil éternel, grand ou petit, à savoir les veuves et les fiancées de guerre, vivantes images de la douleur et de la mort, dont il importe de se distinguer, comme par un réflexe de survie. Mais le mouvement, en effet, ne s'arrête pas là.

11. *Marie-Claire*, 5 août 1938.

Il se traduit, dès la sortie de guerre, par l'abandon des gants. *Vogue* l'avoue en creux en 1921 quand on y spécifie qu'une élégante porte, en bord de mer, « même des gants » et en 1927 quand on relève que l'excentrique lady Mendl, qui laisse « brûler ses jambes », en porte pourtant encore. Il se traduit par la disparition tendancielle des objets et des procédures destinés, parfois sous le prétexte de lutter contre le froid, à cacher le corps féminin sur la plage : cabines roulantes, sorties de bains, tenues de plage, etc. Dès 1922, *Vogue* pointe, d'une part, qu'« aujourd'hui il n'est plus besoin, après le bain, de courir, en se cachant, se rhabiller en hâte dans sa cabine[12] » et, de l'autre, que « la mode des bas avec le costume de bain semble définitivement bannie[13] ». Sept ans plus tard, le même magazine chic se contente de noter qu'après le bain, chez les hommes comme chez les femmes, « le sweater et la culotte sont aussi courts que la décence et le confort l'autorisent[14] ». Tout est donc bien affaire d'« autorisation », et force est de reconnaître que ladite autorité dévoile d'année en année un peu plus la peau des femmes.

Dès lors que le vêtement de plage et, dans sa traîne, la jupe ou jupette attachées au maillot disparaissent, le maillot passe au premier plan. Il est clairement destiné au bain de mer, mais comme il est *ipso facto* destiné aussi à un bain de soleil de plus en plus assumé, il est logique

12. *Vogue*, août 1922.
13. *Ibid.*
14. *Vogue*, juillet 1929.

qu'il livre une part croissante du corps aux rayonnements ; il raccourcit donc du bas tout en s'échancrant de plus en plus du haut. En juillet 1929, *Vogue* relève que les maillots de l'été sont « plus courts que jamais et plus découpés [...] dans le but de permettre un bain de soleil aussi étendu que possible[15] ». Mais quand est repéré un « décolleté inhabituel », l'audace passe car ledit maillot est signé Schiaparelli[16], tout comme deux ans plus tôt une nette échancrure dans le dos était signée Patou[17]. Ainsi se décline le processus : a) audace signée d'un grand nom qui, désormais, n'est plus celui du porteur mais du créateur : lui aussi s'émancipe, cette fois de son client, dont il n'est plus le simple « fournisseur » ; b) audace diffusée ensuite dans les milieux « select » ; c) nouvelle norme adoptée par les classes moyennes modernes, aimantée par les pratiques de l'élite. Globalement, le maillot de bain féminin des années 1910 découvrait souvent les bras, celui du début des années 1930 a dénudé les épaules et remonté jusqu'à mi-cuisse, celui des dernières années 1930 pousse volontiers jusqu'au haut des cuisses[18] et tend à faire disparaître les bretelles.

C'est aussi, notons-le, affaire de matière, de coupe et de dessin. L'ancien maillot était en un jersey épais faisant vite éponge ; le nouveau sera en jersey de laine mais plus

15. *Ibid.*

16. *Ibid.*

17. *Vogue*, juillet 1927.

18. Exemple : publicité pour les costumes de bain Kestos, *Femina*, juin 1937.

fin, voire en jersey de soie ou toute autre matière qui épousera de beaucoup plus près les formes de celle qui le porte. Comme la découverte du bain de soleil ne s'accompagne pas tout de suite de celle des effets négatifs de certains rayons, la jeune Jacqueline de *Marie-Claire* informe ses lectrices qu'elle peut même bronzer au travers de son maillot, en choisissant les bonnes couleurs, à savoir le blanc, le bleu ciel et le jaune clair, « les seules qui laissent passer entièrement les rayons UV[19] ». Les mémoires de Constance Coline semblent confirmer l'effet saisissant qu'aurait fait sur les imaginaires féminins la tenue portée par l'actrice Musidora dans le feuilleton cinématographique à succès des années 1915 et 1916, *Les Vampires*, de Louis Feuillade, un maillot de soie noir, de la tête aux pieds, à la fois totalement opaque et totalement moulant (notons, au passage, que le « moulant » est, comme le bronzage, une image empruntée aux techniques de la sculpture), à l'origine d'une première apparition « furtive sur les plages » pendant la guerre[20].

Contrairement à ce que pourrait laisser croire l'efficace campagne publicitaire qui, en juillet 1946, a lancé le bikini, le maillot de bain deux-pièces n'a pas attendu l'après-guerre pour s'afficher sur les plages. Même s'il reste d'usage minoritaire, y compris dans les milieux « select », les photographies en témoignent. Il figure déjà en 1932 dans la collection du couturier parisien Jacques

19. *Marie-Claire*, 24 juin 1938.
20. Constance Coline, *Le Matin vu du soir, op. cit.*, p. 151.

Heim. Sept ans plus tard, quand *Marie-Claire* sélectionne pour ses lectrices deux pages de maillots à la nouvelle mode de l'été à venir, la moitié d'entre eux sont des deux-pièces[21]. Il se trouve, simplement, que cet été-là est aussi, on l'aura déjà compris, l'été 1939. L'« indécence » de l'exhibition accrue du corps de la femme, au moment où l'homme s'en va mettre en jeu son propre corps, à la vie à la mort, va stopper net la tendance, que ne sauraient pas non plus encourager les puritanisme ou culture du repentir des ordres moraux de droite (vers 1940) comme de gauche (vers 1945). La signification de la campagne de 1946 se situe donc ailleurs, à deux niveaux : comme autorisation de repartir dans la spirale du dénudement, puisqu'ici les « deux pièces » tendent visiblement, par leur taille réduite, à la seule fonction de cache-sexe – ce qui suppose, au reste, que les seins conservent leur seule attribution sexuelle –, et le même Louis Réard sera, en 1964, à l'origine du lancement du monokini ; comme popularisation du deux-pièces, puisque là où Jacques Heim visait l'élite, Louis Réard atteint le plus large marché.

Car la grande affaire, dans tous les sens du mot, est désormais dans la popularisation du jouir solaire. L'extension progressive du « congé payé » à travers tout l'Occident en est assurément le grand vecteur. Encore faut-il la préciser quelque peu. D'un côté, ce qui importe surtout sera moins l'octroi du congé – plus ou mois géné-

21. *Marie-Claire*, 23 juin 1939.

reux : la nouveauté française de 1936 est dans la générosité, donc dans l'extension, des critères d'attribution – que dans son usage. Outre, comme on l'a vu, que la fameuse « foule » des congés payés n'est encore, à l'été 1936, que relative, vérifiable l'année suivante, son choix estival massif donne à la pratique balnéaire un statut privilégié, aussi bien réel qu'imaginaire. De l'autre, la défaite de Vichy, qui avait cherché, au procès de Léon Blum, à incriminer les congés payés, ne peut être interprétée autrement que comme la victoire symbolique (entendons par là : au niveau des symboles) des valeurs du plaisir sur celles de la repentance. La différence entre l'avant et l'après-guerre tient donc d'une part à l'hypothèse de refondation qui, nécessairement, préside aux initiatives publiques aussi bien que privées d'une telle période, de l'autre à la nécessité refondée de donner à toutes les initiatives du nouveau temps une couleur démocratique, dont on finit par oublier qu'elle n'était aucunement dans le « sens de l'Histoire » depuis une vingtaine d'années, ouverte par la Marche sur Rome. La foule bronzante – qui est déjà décrite, à la Libération, comme une marée humaine[22] – prend au pied de la lettre le discours démocratique, volontariste et moderniste qu'on lui adresse, à l'orée de ce qu'elle ne sait pas être les Trente Glorieuses ; son bonheur est une idée neuve.

22. « Des fractions de bord de mer sont couvertes d'épaules et de genoux, de plaques de chair [...] », Léon-Paul Fargue (texte) et André Dunoyer de Segonzac (gravures et aquarelles), *Côtes rôties*, Paris, Textes prétextes, 1949, p. 75.

Fable express

On s'en doute bien un peu : la plupart des lecteurs de ce livre auront été attirés par son titre. Le sous-titre sera passé au second plan. Pourtant l'enjeu principal était là, dépassant son objet apparent : peut-on expliquer un changement social ? Circonstance aggravante : peut-on expliquer un changement culturel et, pour commencer, un mouvement, n'importe quel mouvement dans l'ordre des représentations ? On a l'illusion d'avoir répondu « oui » à cette question à double fond. Mais peut-être faut-il, pour mieux asseoir cette réponse, d'abord survoler la suite des événements et ne pas faire comme si le bronzage avait été inventé une fois pour toutes.

Sol invictus ?

On en a déjà eu la preuve : à aucun moment la nouvelle mode n'aura triomphé sans objections. « L'exhibitionnisme solaire qu'a créé la mode n'est pas sans danger », pose, en 1943, le docteur Gasquet[1] qui

1. Pierre Gasquet, *La Femme sous le climat de la Côte d'Azur*, Paris, L'Expansion scientifique française, 1943, p. 41.

enfonce le clou en ajoutant que « les bains de soleil sur les plages, tels que la plupart des femmes les prennent, sont plus dommageables qu'utiles ». Après la guerre, l'amplification de la tendance dominante entraîne, presque mécaniquement, la crispation d'une minorité hostile. Conjoncture intellectuelle aidant, au sortir de la Seconde Guerre mondiale, l'argumentation a abandonné ses éventuelles connotations racistes (les « Blancs » qui passent au camp des « Noirs ») pour se caler exclusivement sur le style scientifique ; il n'est donc question que de risques d'affections dermatologiques, dominées par le cancer de la peau. La littérature médicale s'est considérablement enrichie sur le sujet, en proportion du succès du phénomène. C'est précisément là que se situe le point essentiel : le corps médical a beau étoffer son discours critique, le corps social n'en fait qu'à sa tête – seule concernée, en l'espèce, puisqu'il n'est ici affaire que de représentations – et, dans beaucoup de milieux, le bronzage continue à fonctionner comme critère de distinction.

Assurément, la tendance, depuis une trentaine d'années, est devenue plus incertaine. D'abord parce que la distinction par le bronzage n'a guère de sens dans des populations dont la pigmentation de base est loin d'être pâle, or une part croissante des élites mondiales appartient à ces populations (latino-américaines, asiatiques, africaines). Ensuite parce qu'une contre-distinction ne pouvait pas manquer d'émerger dans de nouvelles avant-gardes, soucieuses de prendre le contre-pied de la conformité dominante, quelle qu'elle soit. On retrouve, sur ce terrain aussi, la «révolution de 1975[2]», autrement dit le grand renversement, au cours de la décennie 1970, des courbes inscrites dans l'espace-temps des sociétés occidentales depuis la fin de la guerre. Qu'on parle en termes de «Trente Glorieuses» ou autrement, tout, en effet, s'est passé comme si l'Occident – entraînant derrière lui, avec des nuances, une bonne partie des autres aires – avait suivi jusque vers le milieu des années 1970 une courbe ascendante en termes de «progrès» techniques et économiques, assurément, mais, du coup et plus encore, en termes, politiques ou culturels, de «progressisme». Qu'on se place sur le terrain de la santé publique ou celui de la sécurité sociale, sur celui de l'idéologie politique ou celui de la création artistique, la tendance dominante de ces trente années-là est à l'élévation du «niveau de vie», formule d'époque. De la consommation des ménages à la consumation des désirs, les indicateurs quantitatifs comme les indices qualitatifs sont à la hausse.

Tout bascule pendant la décennie 1970, qui est celle d'une crise économique, donc sociale, durable, et, surtout, d'un renversement, tout aussi durable, des valeurs politiques, intellectuelles et esthétiques dominantes. L'ère est désormais au révisionnisme, auquel n'échappent ni Marx, ni Freud, ni le Nouveau Roman, ni l'abstraction. À ce stade, l'épisode punk et la New Wave imposent au sein des avant-gardes culturelles une corpo-

2. L'hypothèse d'une «révolution de 1975» est évoquée dans plusieurs ouvrages du même auteur, depuis *L'Entre-deux-mai. Histoire culturelle de la France, mai 1968-mai 1981*, Paris, Le Seuil, 1983.

ralité alternative, souverainement hostile à l'idéal d'un corps musclé, bronzé, positif, en un mot « sain ». La suite des événements permet d'y voir le signe d'un commencement de la fin. Le commencement de la fin des alignements automatiques des « leaders d'opinion » sur le paradigme progressiste.

Désormais, périodiquement, des observateurs vont prophétiser la fin du bronzage, le retour du blafard. « Aujourd'hui, il faut être pâle, maigre, maladif et fatigué », ironise, par exemple, l'un d'entre eux[3] en 1993, et de citer comme références nouvelles les mannequins Kate Moss et Suzanne Aichinger, les photographes Corinne Day et Mario Sorrenti, les actrices Sherilyn Fenn et Andie MacDowell ; puis le balancier repart dans l'autre sens, et ainsi de suite. En fait, la question, sur ce plan comme sur tant d'autres, est moins historique que géographique, une géographie socioculturelle. L'heure est à l'éclatement des références. Certains sociologues parlent d'une reconstruction en « tribus » et cette fragmentation aboutit aussi bien, sur un plan supposé noble, à l'actuel marché du spirituel que, sur un autre, supposé ig-noble, à la coexistence tolérée des comportements corporels. Il ne s'agit jamais que de tolérance, en effet, mais la coexistence n'est plus niable.

C'est ainsi que le comportement bronzé subsiste, et pas à la marge. Sans lui, on ne comprendrait pas l'importance du marché des crèmes solaires, la progression de la réduction *a minima* de l'habillement de plage (du bikini au

3. Frédéric Beigbeder, *Globe*, 18-24 août 1993.

monokini, du slip au string, etc.) ou, tout simplement, l'affluence confirmée, aux beaux jours, sur les plages du monde entier. Plus subtilement, on voit se mettre en place tout un ensemble de comportements de « bronzage intelligent ». Les deux premières générations de bronzants, de part et d'autre de la Seconde Guerre mondiale, utilisaient des crèmes, huiles, laits, mousses ou gels à vocation filtrante. Mais cette consommation n'était pas exclusive de l'utilisation, soit en complément, soit au sein du même produit, d'agents photo-actifs. La fin de siècle, loin d'être le moment d'un repli, verra la sophistication des procédés, à base de psoralènes dans les années 1970, à base de carotène dans les années 1980. Mieux encore : c'est en 1975 qu'apparaissent – en Allemagne, à l'initiative de Friedrich Wolff – les premiers « lits bronzants », par un processus de déplacement de l'usage dermatologique des appareillages à base d'ultraviolets (B puis A) du traitement de certaines maladies de peau – le psoriasis, par exemple – vers le simple brunissement de confort. Encouragé par les recommandations de l'Organisation mondiale de la santé, le discours officiel des instituts de beauté est celui du « *smart tan* », de la « sécurité solaire » (pour reprendre deux intitulés d'associations, respectivement américaine et française). La bibliographie populaire en témoigne : la plupart des titres d'ouvrages dans ce domaine glosent sur le *Bronzer sans danger*, le *Bronzage futé,* le *Savoir profiter du soleil*, etc. Le principal, pour ce qui importe ici, c'est que ces pratiques n'affaiblissent pas mais, bien au contraire, étayent le statut de la référence bronzée.

Deux facteurs, pour le moins, contribuent à compenser largement le détachement de certaines tribus : l'alignement sur l'Occident des anciens « pays de l'Est » et la mondialisation touristique, qui amplifie la fréquentation massive de destinations sans doute de plus en plus lointaines mais toujours aussi souvent vendues comme « ensoleillées » et ensoleillantes. À partir de là, il serait intéressant d'analyser les différences nationales qui subsistent, et nettement, celles-là mêmes qui, en ce début de XXIe siècle[4], font de la France un marché médiocre pour l'industrie du bronzage (300 centres de bronzage recensés vers 2005), comparé, une fois de plus, à l'Allemagne (9 000 centres) mais aussi, désormais, à l'Espagne (800) ou à l'Italie (1 300), ce qui oblige à faire intervenir des explications supplémentaires qu'on ne développera pas ici. La principale, d'après nous, est celle qui ferait de la France l'un des pays où l'encadrement par la santé publique serait resté le plus étroit. Bref : jusqu'à son extinction, programmée par la plupart des experts à un horizon assez lointain, le soleil a encore de beaux jours devant lui.

Fait social total ?

À ce stade, on retiendra que, même survolée, cette histoire des décennies qui ont suivi celles de l'invention confirme la nécessité de mobiliser, pour l'interprétation,

4. Statistiques européennes consultables sur <www.pointsoleil.com>, avec les réserves méthodologiques habituelles.

plusieurs lignes. Sous ses apparences futiles, le bronzage est un «fait social total», tel que le socio-anthropologue Marcel Mauss (qui parle, d'ailleurs, plus volontiers, de «fait social général») en propose le concept dans son «Essai sur le don» de 1923[5] – le même Marcel Mauss quittera, en 1935, le champ de la réflexion avec un dernier et court article consacré, précisément, aux «Techniques du corps[6]». Chez Marcel Mauss, une technique corporelle doit être appréhendée sur les trois plans de la biologie, de la psychologie et de la sociologie. L'analyse de l'espace-temps au sein duquel la sensibilité cutanée des élites occidentales a radicalement changé mobiliserait alors ce que Marcel Mauss aurait rattaché au «sociologique» et au «psychologique», qu'on transcrira ici en social et culturel. En forçant le trait, on dira que le social fournira le contenant, le culturel le contenu. La détermination par le social mettra en avant des individus agrégés – peu importe le mode d'agrégation, qui préoccupait tant les générations antérieures, au point de leur faire confondre l'arbre des classes avec la forêt des agrégats –, développant des tactiques, essentiellement individuelles, et des stratégies, essentiellement collectives. Comme notre point d'observation se situe au niveau des groupes, la stratégie

5. Sous-titre: «Forme et raison de l'échange dans les sociétés archaïques». Article publié initialement dans *L'Année sociologique*, seconde série, 1923-1924. Repris, depuis lors, dans plusieurs recueils, tel que *Sociologie et anthropologie*, Paris, PUF, 2001.

6. Article publié initialement dans le *Journal de psychologie*, 15 mars-15 avril 1936.

en question ne peut être que celle de la *distinction*. Le dépouillement des trois titres significatifs de la presse féminine française des années 1930 confirme, parfois de manière crue, que le bronzage est apparu comme une pratique d'individus et de petits groupes discutés situables au sein des élites économiques, puis qu'il s'est imposé parmi lesdites élites (la preuve par *Vogue*), avant de rallier un autre type d'élites, les classes moyennes modernistes (la preuve par *Marie-Claire*), et d'obliger l'arrière-garde sociale à suivre le mouvement, avec réticence (la preuve par le *Petit Écho de la mode*).

Comme on le voit, cette ligne sociale mobilise à la fois l'économique et le culturel : la lectrice de *Vogue* dispose en moyenne d'un capital matériel quantitativement plus grand que celui de la moyenne de ses compatriotes, la lectrice de *Marie-Claire*, d'un capital culturel qualitativement plus avancé que celui de la moyenne de ses contemporaines. La lectrice du *Petit Écho de la mode* est surclassée des deux côtés ; elle pourra, par exemple, être plus « aisée » que la lectrice de *Marie-Claire*, elle sera moins « moderne » qu'elle. Bien entendu, ce système de distinction entraînera des hiérarchies en cascade, de la capitale vers les villes de province, des plus jeunes vers les moins jeunes, des professions de services vers les professions de production, etc. La poursuite de l'enquête à l'échelle internationale aura, entre autres, pour objet de vérifier si la hiérarchie des acculturations permet, de même, de détacher un peloton de tête des cultures qui donnent le ton de l'entre-deux-guerres (France, États-Unis, Allemagne).

Certaines analyses pourraient s'arrêter là. Tout juste pourrait-on préciser alors que le contenu de la distinction serait fondamentalement économique. Dans l'ancien régime culturel, le faire-valoir des élites serait le paysan, hâlé par le travail en plein air ; dans la société nouvelle, plus urbaine, plus industrielle, l'opposition se ferait par rapport à l'ouvrier et à l'employé, dont le teint « professionnel » est à la pâleur. La progressivité du passage de l'état ancien à l'état nouveau, mesurable en termes démographiques (proportion relative des populations urbaines et rurales), économiques (proportion des entreprises du secondaire et des administrations du tertiaire par rapport aux entreprises agricoles et piscicoles) et culturels (proportion des vacanciers par rapport aux différentes classes d'âge), expliquerait suffisamment celle du basculement de la référence cutanée – sauf que le mouvement n'est pas si lent que cela, qu'il frappe plutôt par sa rapidité. Sans doute peut-on faire intervenir l'hypothèse d'une force d'inertie du culturel sur l'économique – le système de représentations attaché à la configuration économique passée survivant quelque temps à cette dernière comme l'étoile morte continue à briller aux yeux d'un observateur terrien, avant une chute d'autant plus brutale. Mais cette hypothèse ne répond pas à toutes les questions posées par le phénomène et, surtout, ne permet pas de prendre en compte toutes les données mises à jour par son observation. On l'adoptera, mais en complétant le socio-économique par le socioculturel : sur fond d'un bouleversement dénommé Grande Guerre, le déclenchement d'un processus irréversible mettant en branle les corps, première matière première consommée par le nouveau léviathan.

Intelligence du bronzage

Il n'est pas seulement ici question d'une relation dialectique (« distinction »), close sur elle-même, autosuffisante, mais d'un mouvement diachronique, et, au fond, dynamique, auquel il faut donner un nom. Le moins discutable paraît être celui d'émancipation. Et ce mouvement émancipateur est d'autant plus probable que l'on en repère les signes à plusieurs niveaux. Niveau ethnique, assez secondaire, niveau genré, beaucoup plus important, niveau universel, plus fondamental et, au reste, plus difficile à argumenter.

En termes ethniques, on ne peut pas nier que le choix du teint hâlé trouble une hégémonie « blanche » dont le début du XXe siècle avait précisément signifié l'apogée absolu, les épisodes ici d'Adoua (1896), là de Tsuchima (1905), ne pouvant aucunement passer pour prémonitoires d'une revanche des « Noirs » ou des « Jaunes ». Les vrais signes d'un renversement des rapports de forces attendront un entre-deux-guerres délimité, de manière encore très ambiguë, par le Quatre-mai chinois (1919) – dirigé d'abord contre d'autres Jaunes, les Japonais – et le Pearl Harbor de 1941 – qui se soldera, quatre ans plus tard, par une totale défaite desdits Jaunes. Mais, du coup, l'ambiguïté transforme cet affichage en signe avant-coureur de la crise de l'hégémonie blanche, plutôt qu'en effet de la crise : ici le mouvement culturel anticipe sur les événements. Au reste, on l'a vu, la signification, en quelque sorte « antiraciste », du phénomène demanderait à être nuancée.

Que l'invention du bronzage puisse s'interpréter comme un indice d'émancipation féminine peut paraître plus surprenant, ce n'en est pas moins clair. D'abord parce que si le sexe masculin contrôle les sources secondaires du phénomène, depuis le sport jusqu'à l'héliothérapie, le passage à l'initiative populaire part des femmes. Rien de nouveau, dira-t-on : depuis pour le moins le début du XIXe siècle, la mode vestimentaire, pour ne prendre que cet exemple, est modelée sur la référence féminine. Sauf que, précisément, la nouveauté est ici dans le relais chez les hommes d'une pratique dont l'apparat (discours des médias, stratégies des marchands) a été défini pour et dans le monde des femmes, entre lectrice de *Vogue* et journaliste de *Marie-Claire*. Dans cette époque pionnière, la femme qui bronze n'est pas la victime de la mode, allongée, passive et grésillante, que certains verront ensuite en elle quand elle sera devenue légion. Par son hâle, elle prouve à la fois son activité sportive – dans les magazines, au cinéma, c'est aussi une « naïade », comme chez Jean Patou c'est une tenniswoman – et son non-conformisme, ne serait-ce qu'à partir du moment où, quand elle se distingue, en effet, c'est d'abord par rapport à sa mère – la première démarche de distinction de l'être humain s'édifie toujours par rapport aux parents, on finirait par l'oublier. Même le *Petit Écho de la mode* finit, pendant l'été 1936, par lâcher, à l'encontre de tout ce qu'il laissait entendre jusque-là, que « tenir une ombrelle est le fait d'une oisive[7] ». Il est vrai que c'est pour ajouter tout de suite qu'au bord de la mer les femmes actives, vite assimilées à des mamans, « profitent des séjours à la mer pour tricoter chandails, bas et costumes ». La jeune fille façon *Marie-Claire*, elle, n'est pas encore mariée ou mère de famille et ne cache pas sa joie de vivre – sinon jouir – sans entraves.

Considéré dans son centre, qui est le corps féminin, le bronzage est ainsi susceptible d'une interprétation en termes de genre. La femme moderne travaille – entendons par là qu'elle travaille hors de l'enceinte domestique, car le « travail féminin » a toujours existé –, mais, au contraire de ce que certains voudraient interpréter, ce travail est vécu ici plus comme une émancipation (par rapport au milieu parental et par rapport au couple patriarcal) qu'une aliénation. La preuve de ce que les valeurs d'émancipation l'emportent globalement sur les valeurs d'aliénation, c'est le bronzage qui, parmi d'autres pratiques, d'ordres économique, politique ou culturelle, l'administre. Assurément, le dénudement progressif et accéléré du corps féminin public – qui, au reste, s'accompagne d'un dénudement progressif et accéléré du corps féminin privé – participe aussi d'une conformation au désir masculin, comme en témoigne la vogue, à partir de la Seconde Guerre mondiale de cette forme nouvelle d'icône dénommée *pin up*[8], mais le mâle peut accueillir

7. *Petit Écho de la mode*, 26 juillet 1936.

8. Mark Gabor, *The Pin Up : A Modest History*, Köln, Evergreen/Taschen, 1996.

ce dénudement avec des sentiments mêlés, partagé entre les intérêts immédiats du voyeurisme et ceux, plus profonds, du pouvoir patriarcal. L'initiative, tendanciellement, lui échappe : en histoire la tendance prime.

C'est à ce stade qu'il faut replacer le phénomène dans le cadre plus général encore d'une histoire longue, celle de l'émancipation du corps humain par rapport aux contraintes, plus culturelles que biologiques – même si, par exemple, l'invention du microbe et la création de l'antibiotique y jouent leur rôle –, qui pesaient encore sur lui à l'orée du XXe siècle. À l'issue de l'importante enquête historienne qui a donné l'ouvrage collectif *Histoire du corps*[9], l'un de ses trois initiateurs, Alain Corbin, était conduit à conclure à l'existence incontestable d'une rapide, profonde et durable émancipation du corps occidental, correspondant approximativement au XXe siècle.

Ce constat, que nous faisons nôtre pour les terrains qu'il nous a été donné d'explorer[10], contredit les deux discours idéologiques qui cherchent à ne voir, pour l'un – côté gauche – que nouvelles ruses du contrôle social, pour l'autre – côté droit – qu'avachissement, anarchie, décadence. De la manière de se tenir à table à celle de faire l'amour, en passant par celles de marcher, de s'habiller ou de se parer, l'assouplissement, la maîtrise, l'au-

9. Alain Corbin, Jean-Jacques Courtine et Georges Vigarello (dir.), *Histoire du corps*, Paris, Le Seuil, trois volumes, 2005-2006.

10. Alain Corbin, Jean-Jacques Courtine et Georges Vigarello (dir.), *Histoire du corps*, *op. cit.*, t. 3 : *Les mutations du regard. Le XXe siècle*, p. 129-161.

tonomie ont, à l'évidence, progressé dans toutes les catégories sociales d'Occident.

Certains esprits discuteront l'affirmation suivant laquelle une « mode » est *aussi* un indice d'émancipation, là où ils n'auront vu qu'alignement conformiste. Mais c'est qu'il est purement idéologique de postuler qu'un comportement dominant, majoritaire ou massif – on aura déjà noté que ces trois notions ne sont pas synonymes – est en soi aliénant ou plus aliénant qu'un comportement dominé, minoritaire, solitaire. Dans une société dont les principes se fondent sur l'expression supposée autonome d'un suffrage supposé universel, considérer comme répréhensible le choix du bronzage plutôt que de la pâleur, des programmes de TF1 plutôt que d'Arte, ne va pas de soi.

Toute observation sociale transforme *ipso facto* le social en fable. La fable du corps bronzé nous parle, au fond, d'un absolu de liberté : le temps et le lieu où l'être humain est enfin si « libre de ses mouvements » qu'il se rend maître de beaucoup plus fondamental que de la terre, de la mer, des airs, de la propriété des biens de production ou du droit de vote : maître de son corps, auquel, pour commencer, il offre une seconde peau, renvoyant, du coup, la pâleur à l'univers de la contrainte, de la soumission, de l'esclavage. Ce n'est pas une fable anecdotique. Et peu importe la part de conformisation à une nouvelle norme dont la démarche témoignerait aussi, puisque ce qui compte ici, c'est la dynamique du mouvement, son énergie propre. Au reste, puisqu'il ne s'agit que d'une fable, on laissera à chacun le soin d'en tirer la morale.

Sources et bibliographie

(Ordre chronologique de la première publication, au sein de chaque catégorie.)

Sources

Périodiques

Petit Écho de la mode, hebdomadaire, 1880-1955.

La Coiffure et les modes, mensuel, 1901-1932 ; *Votre beauté*, mensuel, 1933-1943 ; *Françaises d'aujourd'hui* 1943 ; *Service de consultations de votre beauté*, 1943-1944 ; *Carnets de votre beauté* 1945-1946 ; *Votre beauté*, 1946-…

Fémina, hebdomadaire, 1901-1954 (fusionné avec *La Vie heureuse*, 1917-1922).

Vogue (édition française), mensuel, 1920-1940, 1945-…

Revue naturiste, mensuel, 1922-1939.

Vie sage (La), mensuel, 1923-1930 ; *Naturisme*, 1930-1939.

Marie-Claire, hebdomadaire, 1937-1944 ; mensuel, 1954-…

Elle, hebdomadaire, 1945-…

Quelques collections de périodiques américains consultables à la BNF :

Saturday Evening Post (1821-1969), hebdomadaire, 1920-1940.

Vanity Fair (1889-1936), mensuel, 1925-1933, inc.

Vogue (1892-…), mensuel, 1916-1920, 1924-1928, 1931-1933, 1935-1940, 1945-1947, 1957-…

Dictionnaires et encyclopédies

Larousse, Pierre, éd., *Grand dictionnaire universel du XIXe siècle*, Paris, Librairie classique Larousse et Boyer, dix-sept volumes, 1863-1877.

Littré, Émile, *Dictionnaire de la langue française*, Paris, s.n. d'é., cinq volumes, 1863-1877 ; réédition Jean-Jacques Pauvert-Gallimard-Hachette, 1965-1967.

Thèses de médecine et de pharmacie

Debay, Jacques, *Le Coup de soleil (…)*, Montpellier, Imp. De Causse, Graille et De Castelnau, 1936, 243 p.

Falvy, Huguette, *Contribution à l'histoire de quelques remèdes secrets utilisés comme produits de beauté*, Paris, Le François, 1947, 118 p.

Santé

Armand-Delille, Paul-Félix, *L'Héliothérapie*, Paris, Masson, 1914, 35 p.

Armand-Delille, Paul-Félix et Wapler, Philippe, *Hygiène sociale. L'école de plein air et l'école au soleil,* Paris, Maloine, 1919, 2e éd. 1921, 48 p.

Durville, Gaston, *La Cure naturiste*, Paris, Henri Durville, 1921, 535 p.

Fischer, Anna, *La Femme, médecin du foyer*, tr. fr. Louise Azéma, Weinfelden, Imp. De Nueuenschwander, 1924, XIII-931 p.

Parnet, Max, *La Culture physique de la femme. Beauté et santé par la gymnastique rationnelle*, Paris, Nilsson, 1913, VI-133 p. ; dernière éd., Paris, Nilsson, 1925, VI-133 p.

Mulford, Prentice, *Le Médecin en soi-même*, tr. fr André Durville, Paris, Henri Durville, 1927, 60 p.

Carton, Dr. Paul, *La Cure de soleil et d'exercices chez les enfants*, Paris, A. Maloine, 1re édition 1917, 103 p. ; 3e éd. révisée et augmentée, 1935, 111 p.

Jaubert, Dr. L., *La Cure de soleil. Pourquoi et comment la pratiquer*, Paris, Flammarion, 1927, 235 p.

Irène, Popard, *Culture physique de la femme ; gymnastique harmonique*, Paris, S. Bornemann, 1929, 32 p.

Rollier, Dr. Auguste, *La Cure de soleil*, 2e éd. Paris, J.-B. Baillière, 1936, 211 p.

Rollier, Dr. Auguste, *Quarante ans d'héliothérapie*, Lausanne, F. Rouge, 1944, 180 p.

Beauté féminine

Monin, Dr. Ernest, *L'Hygiène de la beauté. Formulaire cosmétique*, Paris, O. Doin, 1886, XIV-220 p. ; nouvelle édition revue, Paris, Albin Michel, 1924, 320 p.

Tramar, Comtesse de, *Le Bréviaire de la femme. Pratiques secrètes de la beauté*, Paris, V. Havard, 1903, 464 p.

Desbonnet, Edmond, *Pour devenir belle... et le rester. Manuel de culture physique de la femme*, Paris, Librairie athlétique, 1911, 136 p., seconde édition, revue et augmentée, Librairie athlétique, Paris, 1932, 144 p.

Tramar, Comtesse de, *Que veut la femme ? Être jolie, être aimée et dominer*, Paris, Malet, 1911, 475 p.

Mestadier, Dr. D., *La Beauté. Hygiène féminine. Moyens pratiques d'acquérir, de conserver, d'augmenter la beauté*, Paris, G. Ficker, 1913, VII-482 p.

Mourey, Gabriel, *Propos sur les beautés du temps présent*, Paris, Ollendorff, 1913, 203 p.; seconde édition : 1917, 203 p.

Pour être belle, préface d'Henri Duvernois, Paris, P. Lafitte, 1913, XV-335 p.

Pour être belle à peu de frais. La beauté. Vos cheveux. Votre teint. Vos dents. Votre cou. Votre nuque, Paris, Bibliothèque pratique de la femme, 1916, 16 p.

Villeneuve, Zélia, *Charme et beauté. Recettes merveilleuses et secrets d'une Parisienne révélés à une Américaine*, Paris, J. Rombaldi, 1920, 190 p. + XVIII p.

Rageot, Gaston, *La Beauté. Essai d'esthétique historique*, Paris, Plon, 1924, 342 p.

Bayard, Émile, *L'Art de reconnaître la beauté du corps humain. L'homme, la femme, l'enfant*, Paris, Gründ, 1926, 327 p.

Braunschvicg, Marcel, *La Femme et la beauté (...)*, Paris, Armand Colin, 1929, 253 p.

Bitterlin, Alfred, *L'Art de se faire une beauté*, Paris, Éditions Drouin, 1933, 308 p.

Gasquet, Pierre, *La Femme sous le climat de la Côte d'Azur*, Paris, L'Expansion scientifique française, 1943, 139 p.

Marchais, Pierre, *Pour être belle et rester jeune*, Niort, chez l'auteur, 1948, 10 p.

La Magdeleine, Paul de, *Les Dangers de quelques modes actuelles (...)*, Nice, chez l'auteur, 1949, 48 p.

Rentières, Christine de et Canesi, Dr. Michel, *Bronzer. Le guide du bronzage*, Paris, Pierre Horay, 1984, 120 + 4 p.

Nudisme

Royer, Louis-Charles, *Au pays des hommes nus*, Paris, Éditions de France, 1929, 217 p. ; 2e éd. préfacée par le docteur Pierre Vachet, 1933, XXII-199 p.

Textes à caractère littéraire

Montherlant, Henry de, *Les Olympiques*, Paris, Gallimard, 1924, 229 p. ; 2e édition, *in Œuvres*, 1928-1942, t. XI, Paris, Grasset. Éditions illustrées : Yves Alix (Paris, Gallimard, G. Crès, 1926, 379 p.) ; Charles Despiau (Paris, Gallimard, 1943, 207 p.), Éliane Beaupuy (Paris, Sapientia, 1947, 241 p.).

Prévost, Jean, *Plaisirs des sports. Essais sur le corps humain*, Paris, Gallimard, 1925, 223 p.

Giraudoux, Jean, *Aventures de Jérôme Bardini*, Paris, Grasset, 1930, 240 p. ; nouvelle édition, Grasset, 1942, 242 p. Éditions illustrées : Georges Tcherkessof (J. Ferenczi, 1937, 159 p.) ; Jean-André Cante (J. Crès, 1947, 223 p.) ; René Génis (Les Amis bibliophiles, 1967, 199 p.).

Fargue, Léon-Paul et D'Alcomare, Rose-Yvonne (lithographies), *Bagatelle sur la beauté*, Rosières, Pierre Mangart, 1943, 16 p.

Fargue, Léon-Paul (texte), Dunoyer de Segonzac, André (gravures et aquarelles), *Côtes rôties*, Paris, Textes prétextes, 1949, 189 p.

Coline, Constance, *Le Matin vu du soir. De la Belle Époque aux années folles*, Paris, Anthropos, 1980, 410 p.

Bibliographie

Généralités

Bourdieu, Pierre, *La Distinction. Critique sociale du jugement*, Paris, Minuit, 1979, 670 p.

Ariès, Philippe et Duby, Georges, dir., *Histoire de la vie privée*, Paris, Le Seuil, 1985-1987, cinq volumes ; tome 4 (Perrot, Michelle, dir.), *De la Révolution à la Grande Guerre,* 1987, 636 p. ; tome 5 (Prost, Antoine et Vincent, Gérard, dir.), *De la Première Guerre mondiale à nos jours*, 1987, 634 p.

Lipovetsky, Gilles, *La Troisième Femme. Permanence et révolution du féminin*, Paris, Gallimard, 1997, 328 p.

Histoire du corps

Rauch, André, *Le Souci du corps : histoire de l'hygiène en éducation physique*, Paris, PUF, 1983, 224 p.

Perrot, Philippe, *Le Travail des apparences. Les transformations du corps féminin* XVIIIe-XIXe *siècles*, Paris, Le Seuil, 1984, 280 p. ; seconde édition, 1991, 280 p.

Marnhac, Anne de, *Femmes au bain. Les métamorphoses de la beauté*, Paris, Berger-Levrault, 1986, 215 p.

Csergo, Julia, *Liberté, égalité, propreté : la morale de l'hygiène au XIXe siècle*, Paris, Albin Michel, 1988, 361 p.

Leroy, Geneviève et Vivain, Muguette, *Histoire de la beauté féminine à travers les âges*, Paris, Acropole, 1989, 328 p.

Spencer, Colin, *The Heretic's Feast : A History of Vegetarism*, Londres, Fourth Estate, 1993, XIII-402 p.

Mosse, George L., *L'Image de l'homme : l'invention de la virilité moderne*, tr. fr. Michèle Hechter, Paris, Abbeville, 1997, 215 p.

Paquet, Dominique, *Une histoire de la beauté. Miroir, mon beau miroir*, Paris, Gallimard, 1997, 128 p.

Ben Ytzhak, Lydia, *Petite Histoire du maquillage*, Paris, Stock, 2000, 189 p.

Rustenholz, Alain, *Maquillage*, Paris, Le Chêne, 2000, 196 p.

Bruit Zaidman, Louise *et al.*, éd., *Le Corps des jeunes filles de l'Antiquité à nos jours*, Paris, Perrin, 2001, 324 + 8 p.

Baubérot, Arnaud, *Histoire du naturisme : le mythe du retour à la nature*, Rennes, Presses universitaires de Rennes, 2004, 348 p.

Drouard, Christine, *Mythiques cosmétiques*, Paris, Hachette pratique, 2004, 143 p.

Eco, Umberto, dir., *Storia della belleza*, tr. fr. *Histoire de la beauté*, Paris, Flammarion, 2004, 438 p.

Marnhac, Anne de, *Les Visages de la beauté ; avant, après, essai*, Paris, Balland, 2004, 216 p.

Vigarello, Georges, *Une histoire de la beauté. Le corps et l'art d'embellir de la Renaissance à nos jours*, Paris, Le Seuil, 2004, 336 p.

Ross, Chad, *Naked Germany : Health, Race and Nation*, Oxford/New York, Berg, 2005, XI-239 p.

Corbin, Alain, Courtine, Jean-Jacques et Vigarello, Georges, *Histoire du corps*, Paris, Le Seuil, trois volumes, 2005-2006 ; t. 2 : *De la Révolution à la Grande Guerre* (Corbin, Alain, dir.), 2005, 442 p. ; t. 3 : *Les Mutations du regard. Le XXe siècle* (Courtine, Jean-Jacques, dir.), 2006, 522 p.

Saint-Jacques, Camille, *Éloge du maquillage : du cosmos aux cosmétiques*, Paris, M. Milo, 2006, 190 p.

Histoire du vêtement et des accessoires

Perrot, Philippe, *Les Dessus et les dessous de la bourgeoisie : une histoire du vêtement au XIXe siècle*, Paris, Fayard, 1981, 344 p.

Hall-Duncan, Nancy, *The History of Fashion Photography*, tr. fr. *Histoire de la photographie de mode*, Paris, Le Chêne, 1987, 240 p.

Remaury, Bruno, dir., *Dictionnaire de la mode au XXe siècle*, Paris, Éditions du Regard, 1994, 592 p.

Boucher, François, *Histoire du costume en Occident*, dernière éd., Paris, Flammarion, 1996, 477 p.

Evans, Mike, éd., tr. fr., *Lunettes de soleil*, Courbevoie, Éd. Soline, 1997, 63 p.

Saillard, Olivier, *Les Maillots de bain*, Paris, Le Chêne, 1998, 128 p.

Remaury, Bruno et Kamitsis, Lydia, dir., *Dictionnaire international de la mode*, Paris, Éd. du Regard, 2004, 623 p.

Monneyron, Frédéric, *La Mode et ses enjeux*, Paris, Klincksieck, 2005, 143 p.

Steele, Valerie, éd, *Encyclopedia of Clothing and Fashion*, Detroit, Thomson-Gale, 2005, trois vol., 434 p., 462 p., 557 p.

Histoire des loisirs

Rauch, André, *Vacances et pratiques corporelles : la naissance des morales du dépaysement*, Paris, PUF, 1988, 191 p.

Rauch, André, *Vacances en France de 1830 à nos jours*, Paris, Hachette Littératures, 2001, 311 p.

Chevrel, Claudine, *Les Vacances, un siècle d'images, des milliers de rêves 1860-1960*, Paris, Paris Bibliothèques, 2006, 241 p.

Histoire de l'éducation

Châtelet, Anne-Marie, Lerch, Dominique et Luc, Jean-Noël, dir., *L'École de plein air : une expérience pédagogique et architecturale dans l'Europe du XX*[e] *siècle*, Paris, Éd. Recherches, 2003, 431 p.

Histoire du genre

Gabor, Mark, *The Pin Up : A Modest History*, Köln, Evergreen/Taschen, 1996, 270 p.

Bard, Christine, *Les Garçonnes. Modes et fantasmes des années folles*, Paris, Flammarion, 1998, 159 p.

Tamagne, Florence, *Histoire de l'homosexualité en Europe : Berlin, Londres, Paris 1919-1939,* Paris, Le Seuil, 2000, 691 p.

Gabrielle Chanel

Charles-Roux, Edmonde, *L'Irrégulière ou Mon itinéraire Chanel,* Paris, Grasset, 1974, 588 p.

Morand, Paul, *L'Allure Chanel* ; Paris, Hermann, 1976, 165 p.

Delay, Claude, *Chanel solitaire,* nouvelle éd., Paris, Gallimard, 1983, 281 p.

Charles-Roux, Edmonde, *Le Temps Chanel,* Paris, Le Chêne/Grasset, 1986, 251 p.

Haedrich, Marcel, *Coco Chanel,* Paris, P. Belfond, 1987, 234 p.

Leymarie, Jean, *Chanel*, Genève, Skira, 1987, 225 p.

Gidel, Henry, *Coco Chanel,* Paris, J'ai lu, 2002, 279 p.

Fiemeyer, Isabelle, *Coco Chanel : un parfum de mystère,* Paris, Payot et Rivages, 2004, 173 p.

Weissman, Élisabeth, *Coco Chanel,* Paris, M. Sell, 2007, 133 p.

Le bronzage

Ory, Pascal, « L'invention du bronzage », *in* Czechowski, Nicole et Nahum-Grappe, Véronique, éd., *Fatale beauté,* Paris, Autrement, 91, juin 1987, 208 p., pp. 146-152.

Grasse, Marie-Christine, éd., *Coups de soleil et bikinis,* Toulouse, Milan, 1997, 95 p.

Hubert, Magali, *La mode du bronzage : de ses balbutiements à sa maturité,* mémoire de maîtrise (sous la direction de Pascal Ory), université de Paris-I, 2001, 130 ff., plus annexes.

Andrieu, Bernard, « Du teint hâlé honni au bronzage de rigueur », *Cerveau et psycho*, n° 22, juillet 2007.

Table des matières

Achevé d'imprimer en juin 2008
sur les presses de l'imprimerie Louis-Jean
05000 Gap (UE)

Dépôt légal : 308 juin 2008